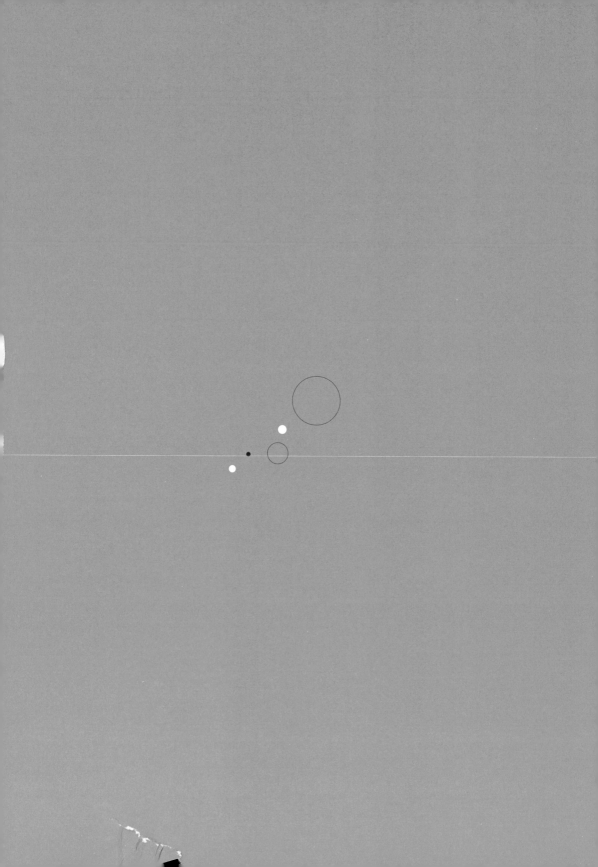

紫微攻略3

上集

星曜
我們與真實自己的距離

大耕老師 著

史上最強星曜解盤！
對宮為明鏡，透視深層人性

目錄

各界推薦 008

前言 010

第一章／星曜的重要性——人在環境中的自我展現

觀念建立 016

一 星曜是什麼？紫微斗數中宮位與星曜的關係及起源 022

二 不再混亂的心與星 星曜的解釋與應用 025

三 定性與定心 對照宮位解釋星曜的基本練習法 032

四 人生好隊友 雙星同宮的解釋邏輯與空宮 043

五 看到真心性的明鏡 對宮是星曜不能忘記的內心價值 054

第二章／我是什麼人——命宮中星曜的個性特質展現

觀念建立 064

一 紫微星 有皇帝心不一定有皇帝命 065

二 天府星 坐擁地盤，務實而大度的王爺 078
三 天機星 善良而多變，邏輯理性與不安並行 088
四 太陽星 一切按照我的規則走，至高無上的星曜 097
五 太陰星 美麗優雅但是讓人不敢造次的媽媽 106
六 貪狼星 慾望之星 114
七 破軍星 打破枷鎖的偉大夢想家 119
八 七殺星 堅持信念絕不放棄的勇者 124
九 廉貞星 囚禁的心更展現奔放的魅力 132
十 天相星 制度的協調與守護者 144
十一 天梁星 人生守護神，上天給與的庇佑 152
十二 天同星 純真浪漫用愛與包容行走天下 158
十三 巨門星 黑暗中善良的火把 164
十四 武曲星 剛毅耿直，一步一腳印，說一不二的正財星 171
命宮各星曜總結 178

第三章／兄弟宮——上天給的幫手

觀念建立 182

一　紫微星　皇帝般尊貴的親戚，可惜他貴我只好跪　185
二　天府星　豪邁穩重的王爺是我兄弟　190
三　天機星　身邊永遠的智多星　194
四　太陽星　長兄如父，就算是妹妹也一樣如父　199
五　太陰星　長姊如母，弟弟一樣像媽媽　205
六　七殺星　情和義比金堅的兄弟宮　209
七　破軍星　永遠無法猜透的兄弟姊妹　213
八　貪狼星　感情愈多愈好、喜歡與兄弟姊妹開創人生　218
九　巨門星　空虛寂寞覺得冷　總是希望兄弟給與溫暖　223
十　天梁星　老天給與的大哥　230
十一　天同星　單純樂觀不跟你爭家產的好兄弟　234
十二　天相星　親兄弟明算帳　感情建立在理性上　239
十三　廉貞星　最愛的人傷我最深　242
十四　武曲星　重義氣的好兄弟　246
觀念建立　254

第四章／夫妻宮——感情路上的自我

目錄

一 紫微星 究竟是皇帝大還是皇后大 257
二 天府星 看來大方但是不願退讓 263
三 天機星 善良而善變的感情 為了你好，我要離開你 266
四 天梁星 天生情感成熟 善於體貼照顧人 271
五 天同星 善良無邪水汪汪 275
六 太陽星 男的娶某大姊，女的嫁老公如我父 279
七 太陰星 母親像月亮，老婆像月娘 284
八 七殺星 感情上的殺手，但是殺自己比較多 288
九 破軍星 如果浪漫是感情的必需品，一時的璀燦才是真正的永恆 291
十 貪狼星 感情的慾望是人生的方向，對異性的魅力無法擋 294
十一 巨門星 愛在心裡口難開 298
十二 廉貞星 魅力十足理性與感性兼備 303
十三 天相星 理性是浪漫的實踐基礎 307
十四 武曲星 女人最愛收到的一種花：隨便花 310
上集總結 316

各界推薦

我從十七歲就喜歡到處算命，總覺得命理是那麼遙不可及，直到去年向大耕老師學習，除了了解如何用正確的方式解釋命盤，更重要的是老師讓我們理解人生不是平面的，一切都是「同時存在的」，這點真的讓我重新去檢視很多事情。

——解盤很弱的那個／國貿業專員

跳脫傳統框架，上課媲美補習班名師。跟大耕老師學習，讓我更能理解自己，同時放大命盤的力量，也能盡量避開人生的彎路，做更好的決策。

——小媳婦／時尚業業務

老師以宏觀且細膩、嶄新而客觀的現代思維解析古老的智慧，深入淺出、靈活幽默，教我們不以一己價值觀評斷，如實解讀、看待命盤密碼，面對人生起落，改寫命運，鼓勵我們利己之餘，也不忘利人，老師很誠懇、用心教學，受益良多，非常謝謝。

——Sienna／資深行銷

大耕老師精湛獨到的掌鏡功夫，破除命理的八股文化，結合現代生活元素，讓學生們運用自如達到知命而運命。大耕老師集結各家門派之大成，堪稱為新時代斗數宗師。

——EMBA五柳先生／業務經理

我本身不是喜歡死記、硬背書的人，大耕老師靈活的教學，讓我們可以活用宮位、星曜，記下斗數小技巧，再配以實戰解盤提升解盤基礎功力！

——忍字頭上一把刀／資深美容師

老師特別喜歡講實話，再差的盤都會從不同角度告訴你人生有多種出路，很準確的講出我今年的轉折。但玻璃心者慎入，哈哈！

——宇宙體驗販售機／金融分析師

人生的混沌、迷茫乃至於恐懼，皆因不夠了解自己的本質與氣勢。就如號脈辨症以論虛實，方能對症下藥力求藥到病除。若能信手捻來巧用斗數象、數、理來參酌，幫自己號脈，自己就是能知己知彼的良醫。

——野樵郎中／愛好命理研究者

平常在教風險管理，稽核是否落實風險處理，紫微是一種很好的預測方法論，大耕老師不藏私，領你進門。

——天有不測風雲／資訊業專案副理

因為另一半的推薦開始學習命理，從一開始覺得算命是無稽之談，一路走到深覺紫微斗數是門科學，因大耕老師的教學，讓我開始理解為何家人會有這樣的行徑，而給予包容和關懷，謝謝老師帶領我們知命、論命、改運。

——嗆辣小海牛／行政內勤

誤打誤撞進入命理圈的我，意外地開啟另外的視野，在斗數盤上找尋新的出路；老師難得可貴的人生經歷，更是超脫世俗的想像，讓每個人的人生有了新的註解。總之，學斗數，找大耕！

——小天同／清大校友

前言

我們時常聽到一個命理疑問：同年同月同時間生的人，為何命運會不同？

面對這個問題，專業的命理師會告訴你很多答案，例如風水不一樣、祖上功德不一樣、所處的環境不一樣……等等，這些答案都是合理的，那麼你有發現嗎？其實這些答案都指出一件事——環境。

為何你生在這個家庭？為何這個家庭的風水不好？為何你在這個城市出生？同樣是脾氣暴躁的人，出生在平和時代可能是讓人感到麻煩討厭的人，在戰國時代則可能是一代武將，這幾乎是命理學的ＡＢＣ，因為所有的命理推論，都來自於人跟環境的關係推演。命理學上有個經典故事，說的是明成祖登基後，害怕有人跟他一樣，會有所謂「皇帝命」，因此下令捕殺所有跟他同樣生辰的人。捕殺過程中，明成祖很好奇跟他同樣生辰的人到底是怎樣的命運，便抓了其中一人來詢問。那個人說他是養蜜蜂的養蜂人，明成祖問他養了多少蜜蜂，他說他不知道，但是他有九個大蜂箱，每個蜂箱大約五百隻蜜蜂，所以總數大約是四千五百隻。說到這裡，明成祖心中有了答案，他放了養蜂人，也放了所有被抓的人。明成祖年間，明朝將天下分為九州，而人口數大約是四千五百萬人。

這個故事當然杜撰的成分極高，但是也簡單地說明了命理學的概念。同樣的時辰，因為明成祖生在帝王家，所以他統御的是人民，另一位在養蜂世家，他統御的是蜜蜂。明成祖當然心中明白，其實並非生辰一樣，命運就可以跟他一樣，生辰所帶來的天生特質，只是能成就一個人的其中一個條件。同樣地，我們也常用臺灣首富來比喻這個例子，依照當時的出生比率，全臺大概兩百多人與他同盤，但是首富只有一個。因為其他人可能沒有母親可以標會給予他創業基金，沒有岳家的支持，這說的就是環境的影響，這也是《紫微攻略1》裡面提到的「環境影響力」。除此之外，命理是人跟環境的關係，除了環境，還有「人」這個變化因素，或許在關鍵時刻，其他人並沒有在每個人生關口選擇一樣的道路，最後只有一人成為首富。當然從不同角度來看的話，首富不見得是最好的人生。

命盤上面會有雷同的生命軌跡、天生特質，但是每個人在人生的選擇上卻會有所不同。或許，無論是家世背景或所在的國家與風水，我們不見得可以選擇想要的環境，但是了解、認識自己，讓自己可以放在自己覺得最好的狀態，卻是我們改變命運的一個好方法。

在紫微斗數中，星曜代表了我們的個人特質，以及各種能力，透過星曜處於每一個宮位的含意，就可以了解自己，讓紫微斗數盤如同一張健康檢查表和自我評量表。《紫微攻略1》讓我們知道人生地圖中有哪些風險，可以依照地圖避開風險；《紫微攻略2》讓我們了解自己內心擁有的能量，知道在人生旅途中如何利用風險與困境來幫助自己，那麼《紫微攻略3》就是希望透過星曜的學習，了解自己天生的特質跟能力、與生俱來的一切，為我們找到自己人生的本初價值，利用宮位彼此間的關係交錯，每個宮位的對宮呈現的內心世界，揭開星曜的神秘面紗，並導正長久以來讓人誤解的星曜解釋。

我們常說福德宮是晚年的宮位，因為這個宮位代表了我們的靈魂。當我們走過一生的努力，穿越無數的荊棘之後，這些荊棘與風雪將剝落我們的外衣，讓我們回到初始來到人間最赤裸的原始，這時候我們脫去了世俗的外衣才能看到真實的自己，回到靈魂的一面，所以到了晚年我們才能看透自己靈魂的存在，了解自己這一生需要的是什麼，這是為何晚年的生活是看福德宮的原因。對於星曜的解釋也是如此，我們往往容易陷入既有世俗觀念與個人價值觀，對於星曜的解讀，忘記了真實的一面，而宮位可以幫我們撥開外衣，讓我們看到真實面，可以因此更加了解自己。只有了解自己，才能知道將自己放在怎樣的位置，是最開心最快樂的，也才能夠幫助我們在人生路途上愉快地完成旅程，這是學習紫微斗數最有趣的事情，也是深入了解星曜最好的方法。我希望用這樣的思維建構出不同以往的紫微斗數書籍，讓大家可以在閱讀的過程中，逐步地、最快地入手應用，深入了解紫微斗數對於人性細膩的分析。

這本書，維持我上課教授星曜時的基本原則，從星曜基本邏輯到使用分析上的概念方法開始，再依序帶入十二宮的變化，以對應星曜的解釋必須依照宮位產生含意的主要概念，一步步帶大家掌握星曜的意義跟使用方法，並且達到可以了解自己、探測自己內心深處想法的目的。理解星曜才能理解自身，理解自身才能知道自己在人生旅途中，為何會做出各類決定，為何會有與他人不同的想法，也因此可以掌握自己。其中，也會收錄我在教授紫微斗數時，使用的圖表聯想記憶方式，以及透過圖表的聯想，進一步分析星曜特質，最後透過利用本命盤就可以深深了解一個人。本書一如過往本系列書籍，在學習過程中也希望達到實用的目的，希望透過學習星曜的過程，幫助大家了解自身的個性特質，因此會以本命盤（天生特質為主）適度帶進一些大限盤的概念，幫助大家專注在星曜的個性分析，避免貪多嚼不爛、模糊了核心。希望透過本書，大家可以了解自己，並且掌握紫微斗數中除了宮位以外，另一個至關重要的元素「星曜」。

第一章

星曜的重要性——人在環境中的自我展現

觀念建立

命理是人在環境中的態度，因此引發了現象的產生。所有命理學都是依照此邏輯設計出來，差別在於設計的精密度，其中包含了透過觀察自然現象，整理出一套規律，以此對應人面對時間與空間變化時的掌握，例如春夏秋冬的季節變化、例如生老病死；對於人的掌握，則透過對人的觀察，包含醫學與靈魂，整理歸納出一個體系，這兩個系統交錯分析推算，就可以將人的一生做出合理的推論。而在紫微斗數中，對應「人」的系統便是星曜的體系，透過一個個星曜在各宮位（時空環境）的變化，做出預測與推算，因此星曜的解釋可以說是人在那個環境中的自我展現，也就是我們常說的「個性決定命運」：在某個領域的價值態度，會造成我們在生活上的選擇跟決定，最後就會決定了命運的行走軌跡。如前言所舉的例子，在表示感情態度的夫妻宮坐紫微星，我們的態度是希望找到一個讓人有面子的皇帝，自己也希望受到尊貴的對待，但是現實中有事業能力的男人，通常不會把妳捧成皇后般尊貴，所以很有可能找到的是只會捧著你但其實沒有能力的人。

大致的概念就是如此，只是對紫微斗數初學者來說，通常不會用這個角度去思考星曜的本質，因為絕大多數的書籍，都是單純地解釋星曜，看起來很容易理解，但是長久來說，卻容易讓人愈學愈混亂，所以我上課時，通常會從宮位開始教起，再用整體結構帶入星曜的解釋，雖然乍看比較麻煩，但長久來說卻能夠一次掌握星曜的特質，也因為這樣才會貼近星曜解釋的本質內涵。

例如天相這顆星曜，一般會從五行屬性開始解釋，接著有一堆資料庫需要背誦，例如它是重視人際關係的星曜，也是重視自我規範的星曜，並且在乎自己外在的門面，也是個會處處幫助別人的一顆星。這樣的形容再寫上一萬字，大家都可以讀得很開心，感覺學習了很多，可是一旦問：如果天相星在財帛宮該做何解釋？卻往往答不上來。是靠人際關係賺錢？還是賺錢有自己的原則？抑或是賺錢重視門面？這樣的解釋基本上跟報紙的星座專欄上寫的「巨蟹座愛家」這類答案的等級是差不多的，準確度靠的是運氣跟機率，而不是邏輯跟科學的推算。財帛宮代表的並不只是賺錢，也可以是花錢，整個財帛宮說的是對待財務的態度，不能單指賺錢或花錢，更別說還需要看這個財帛宮是哪個盤的財帛宮，本命盤和運限盤的解釋都不同，所以如果單純地這樣理解或背誦星曜的意思，一定讓自己陷入痛苦的深淵。最實際的好方法應該是先理解宮位是哪個盤的哪個宮位，例如這是本命盤的財帛宮，可以解釋為代表自己對於錢財的態度跟價值；如果是運限盤的財帛宮，可以說是在那個運限時間內的財務情況。以本命盤來說（本書介紹以本命盤為主），天相星五行為陽水，是重視人際關係的桃花星，所以天相的桃花較偏重人際關係，不見得是一般認知的異性桃花。天相星化氣為印，化氣是基本價值的意思，印是蓋章，蓋章表示一種契約跟規則的遵守，所以天相的基本概念就是人際關係，以及對於自我規則與約定的堅持。

有了這兩種理解之後（可見得需要理解的基本條件其實不多），我們可以將其做出排列組合。對於本命財帛宮表示的錢財態度，可以簡單地說是賺錢跟花錢，賺錢還包含工作賺錢、理財與希望的收入方式，但因為是本命盤，所以不會有現象的意義，因此本命的財帛宮就不會討論今年會不會賺錢這樣的觀念，只能說自己是否有不錯的財務能力。對應天相這顆星曜，特質在賺錢的態度跟希望，我們可以說他賺錢的方式適合跟人際有關係（因為雖是桃花但為人際桃花，著重在人際網絡），花錢的方式則會有自己的意見跟規則（化氣為印有自己的規則之意），卻不能說這個人花錢的方式跟桃花有關係，不過，可以說這個人會願意在經營人際關係上花錢。所以，星曜的解釋其實是對應了宮位的意義去解釋，利用宮位的各種不同涵義，套上星曜的基本價值跟解釋，就可以排列組合出各類型不同的解釋，這才是紫微斗數解盤時的最主要方式，而不是死記背誦。

又例如太陰星，通常被稱為媽媽的星曜，母星，五行為陰水、化氣為富。這裡的母星與化氣為富，說的是太陰星展現出母親、女性的特質，以及富足的概念，因此雖然太陰星算是桃花，但比較偏向女性，不能單純說是異性，富足是母親、女性這樣的人希望擁有的，對照剛剛的解釋邏輯，把太陰星放進本命財帛宮，就可以解釋成：在理財上會像媽媽守護家一樣，希望聚沙成塔，慢慢累積財富，但是在金錢的使用上，則因為希望可以過富足的生活，所以會重視享受。那麼屬於水的五行，是不是也可以當成桃花呢？因為太陰是女性，所以如果這是男生的命盤，當然就是桃花，在理財、賺錢上可以利用跟異性的關係與魅力，增加機會；若是女性的命盤，則不一定。另外，因為太陰是用女性特質被設定出來的星曜，女人似水、兵無常勢水無常形，這個太陰相對來說比較容易受到外界影響，所以與它同宮的主星，以及對宮的主星，就會大幅影響它，例如一樣是女人的特質，天機、太陰同宮時，搭配天機的邏輯能力，可以說是個較細心、數字能力好的女人；太陰、天同同宮時，因為天同星的不爭不計較，所以是個較逆來順受的女人。放在財帛宮，天機太陰可以說是懂得存錢、懂得享樂，卻也精打細算；相對來說，太陰天同則比較不會計較金錢的使用。

也就是說，星曜的意義要依照星曜被設定的基本結構，而對應宮位的各類涵義去延伸，才是真正的解釋。在這個架構下，再去對應各類煞星跟四化，才能夠得到真正的分析。

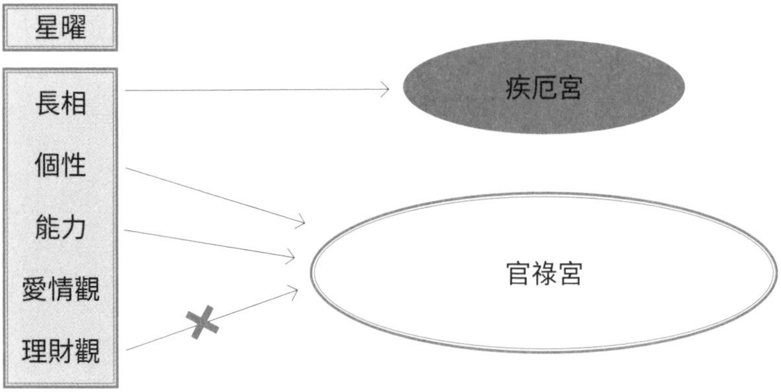

圖一／星曜意義，宮位意義連連看

有了這樣的架構之後，還要再看每個星曜所在對宮的星曜是什麼，因為對宮是**本宮的內心世界，所以必須看對宮的星曜，才能做出完整的解釋**。例如以貪狼星為例，貪狼為慾望之星，但貪狼對面若是武曲、或者廉貞、抑或是紫微，對於這個貪狼的慾望就會有所不同。對面是武曲的貪狼，即使內心充滿慾望但個性務實，所以這個位置的貪狼，古書說是百工之人、以專業技術維生，原因就是他重視務實的價值態度，而貪狼喜歡各類事務的慾望，就會對應在專業技能上；如果對面是廉貞的貪狼，廉貞是人際與公關外交的星曜，所以這個貪狼重視的就是人際上的能力，因此對於人跟人的關係會相當有能力，希望跟眾人關係都不錯，加上桃花的特質，因此會吸引許多異性，但是這個貪狼就不會特別鑽研學習各類技術，因為對宮的廉貞星影響他，人際對他來說才是重要的內心期盼。

每一顆星都會有這樣的情況跟特質，雙星的組合還會受到旁邊那顆星曜的影響。以下我們會先從每個星曜的基本概念談到雙星的基本概念，再依照十二宮不同的涵義，以本命盤為基本結構，帶大家從了解星曜進而了解自己。

一 星曜是什麼？

紫微斗數中宮位與星曜的關係及起源

在《紫微攻略1》說過，紫微斗數的起源本是印度占星術，後來進入華文文化圈的時候，轉變成華人的占星術，再因為政治因素以及戰亂，逐步地從黃河流域轉進到長江流域，並且漸漸與華人原本擅長的易經做結合，擷取了易經的特質（或者說是易經利用占星學的觀念，改良自己的應用方法），因此到了明中葉以後，逐步完成目前我們所知道的紫微斗數。其中，易經的九宮轉化成原本占星學的十二宮（所以紫微斗數的十二宮名稱與占星學一模一樣），並以此取用了占星學的推論結構與更為進步的邏輯理路，解決易經在單純占卦上容易依靠個人第六感與模糊不清的問題，而占星學整合了易經的占卦觀念以及更多元化的變化，解決了占星學需要依靠精確曆法以及經緯度換算的問題，也一併解決了千百年來無法解決的共盤問題

（同時間出生的人命盤相同，生命歷程卻不一樣），套用了易經之後，因為取卦的概念，基本上共盤問題根本不存在，當然已經可以算是紫微斗數中的高階技巧了。總之，科技始終始於人性，紫微斗數在這樣的背景之下，被整合成一種集大成的命理學，並且簡單好用，也方便學習，兼具東西方命理學的優點。

而其中星曜的產生，便是易經取用占星學對星曜的設定觀念，將易經的六十四卦套用在斗數的各主星上，並且加以整理，透過各星曜的排列組合，讓六十四卦的觀念可以更加清楚並且有更多變化，所以目前紫微斗數上的星曜是用虛星（假藉名字卻沒有真實存在）建構出這個以宮位當作時空環境，星曜當作人的紫微斗數基本結構，而這個人，其實就是以易經作為基礎對應出來。我們可以簡單想像成，我們想知道感情的問題，到廟裡抽了一支籤，感情問題看的當然是夫妻宮，那支籤就是夫妻宮內的星曜，星曜對應宮位做出解釋，所以同樣一支籤如果問的不是感情而是工作，得到的結果是不是就會不一樣呢？所以，同一個星曜的解釋必須依照宮位分析，這就是紫微斗數對於星曜的設定，基本上是依照這個原理被開發出來的。

所以在這樣的架構下，其實**我們真正需要了解星曜的部分，是各個星曜當初被設定出來的中心價值，也就是書上常常提到的，每顆星的陰陽五行是什麼，以及**

「化氣」是什麼。化氣最初的意思是經過高溫而被燒煅了外界的包覆，留下中心的價值（例如胖子老師我可能化氣為豬油），化氣在這裡說的也是每個星曜最核心的價值，以此對應各個宮位產生出解釋，所以只要星曜的解釋跟這個中心價值不同，基本上就會是錯的。利用這樣的方式，我們可以檢視自己的解讀是否有錯，並且可以不需要背誦解釋，因為解釋是被推演出來的，不是套用出來的。

二 不再混亂的心與星

星曜的解釋與應用

現今的紫微斗數書籍多如牛毛，十分龐雜，光是對於星曜的解釋就數不清，但是往往流於互相抄襲，翻來翻去也大致都是那些道理，實際應用的時候很容易流於表面。其實這些書籍的解釋都來自現今常被引用的古書《紫微斗數全書》、《紫微斗數全集》，以及紫微斗數從四百多年前明朝完成之後，過渡到現代解釋的重要著作《斗數宣微》。這三本著作對紫微斗數現今的解釋有舉足輕重的影響，以此為基礎，各家老師再依照自己的觀點去延伸跟解釋，形成現今到處可見的資料。但也正因為其中有很大一部分都是依各家老師觀點衍生闡述而產生，所以無法解釋到位。

實際上，這幾本書對星曜的解釋，其實只有短短數十頁，是後人依照自己的經驗以及彼此的抄襲，整理出各類解釋星曜的書籍。我們當然不能說這樣完全不對，畢竟在初學時需要有一本可以參考的書籍（所以我出過一本六十星系與十二宮詳解的講義，給學生當作課後參考），但是如果只依照書中的解釋背誦卻是不行的，甚至常見許多自學的人到處找各類老師的書籍，希望滿足自己覺得不夠的星曜解釋，但是無論背了多少條文，還是無法做出很好的解釋，總是覺得哪裡不太對，就是因為根本不能如此解盤。命理學是推理學，不是拿出一堆解釋來碰運氣的，反正把每個解釋都說一次，總是可以矇到對的，但這卻是很多學習命理的人，甚至是開業老師都會犯的問題。

想想古人學習紫微斗數的時候，只拿著那兩本小冊子，看來十分淒涼空虛的數十頁解釋，該如何可以學到出師、精確論斷呢？所以絕對不是靠書上那一點點的資料去記憶、去應用，這也可以說明為何古書上有許多非常駭人的解釋，例如「巨火羊門前鎰死」（巨門、火星、擎羊同宮就會自殺），諸如這般可怕的字句充斥整本古書，但是實際用這樣的解釋去推算時，卻常常失誤。也因此，紫微斗數被說成好學難精，其實是因為這樣的論斷根本不準，這樣的論斷法太過於片面，根本就沒有利用到紫微斗數在推算上的真正邏輯，可惜許多人、許多老師就是用這樣的方式在算命，甚至不是看古書而是看現代人翻譯的書，但也只是把古文翻譯成白話文而已，因為他們不知道星曜根本不能這樣子解釋。星曜必須依照宮位，並且要同時考**慮整個星曜的組合，與對面宮位的星曜搭配一起解釋，更是重點中的重點。**

本書將利用最簡單的星曜特質，搭配宮位特質的方式，幫助大家做星曜意義的聯想，並且利用這個方式，讓大家回到星曜最初之本心，用這樣的方式去看到自己命盤上，星曜在對應本命盤十二宮時，如何解析出我們這個人的各項特質以及內心的呈現。下頁為整理過後星曜的特質表：

圖二／
星曜特質表

星曜名稱	陰陽五行	化氣	喜會	忌會
紫微	陰土	尊	昌曲．左右．魁鉞	煞忌
天機	陰木	善	昌曲．左右．魁鉞	空亡．煞
太陽	陽火	貴	祿存．三台．八座	空．落陷
武曲	陰金	財	權祿．昌曲．貪狼	破．殺．火
天同	陽水	福	左右．昌曲	空亡．煞
廉貞	陰火	囚	左右．魁鉞．祿存	破．煞．昌曲
天府	陽土	權	祿存．昌曲． 左右．不怕煞	空亡．六親宮位
太陰	陰水	富	旺位．左右	落陷．昌曲．煞忌
貪狼	陰水 陽木	桃花	火鈴．左右．魁鉞	落陷．忌．羊陀．昌曲
巨門	陰水	暗	祿權．太陽對照	煞忌．落陷
天相	陽水	印	紫微．天府．昌曲． 左右．魁鉞．祿存	火鈴．天刑．忌．桃花
天梁	陽土	蔭	化科．左右．昌曲	化權
七殺	陰火 陽金	殺權	祿存．左右．昌曲．魁鉞	煞忌．廉破
破軍	陰水 陰金	耗	左右．魁鉞	廉貞．煞忌．昌曲

初學星曜的時候，其實只需要了解這些基本意義，其他任何對於星曜的解釋都是出自於此，所以只要聽到有違背「星曜特質表」裡涵義的，基本上都可以說是錯的。就像如果蜂蜜在我們的界定認知中代表甜的，我們在與人溝通的文字或是語言上，就不會用「蜂蜜」來形容苦的、辣的、酸的；例如我們會說愛情甜如蜜，不會說這個麻辣鍋超甜蜜，因為這樣的解釋違反原本蜂蜜被設定出來的價值概念。如同表中的天梁星化氣為蔭，代表「庇蔭」的一顆星曜，就該由庇蔭的觀點去解釋。有些書籍會說天梁星會有刑罰的意義，這就是違反了天梁星的基本設定，之所以會有這樣的情況，是因為天梁星的對面可能有顆太陽星，而古人認為太陽星是天上最亮的一顆星（還記得嗎？斗數盤上都是虛星，是假設出來的，所以就別爭論天文學上太陽的意義了）。所以，太陽代表了可以掌管一切規則，是地位崇高的。地位崇高的太陽在外面，本性上又想庇蔭你，如果你不照他的意思做，是不是他就會不高興呢？如果再遇到四化的變化，以及各類煞星，就會有強制希望你遵從的概念，因此引發了好像有刑罰的問題，但是直接解釋刑罰，就是作者自己腦補過頭了。

也有些書寫天梁星不適合化祿，意思是天梁是庇蔭星，如果化祿、庇蔭太多，人反而不願意努力，因此不好。仔細一想，其實是因為這個老師受到傳統禮教觀念，覺得人就是要吃苦耐勞，過太爽不好，這是不是又是一個用自己價值觀去腦補的解釋呢？我一心只想爽爽過日子，明明天梁星如果化祿在財帛宮有可能拿到財產，幹嘛要當作不好？至於拿到財產之後我是不是成為敗家子，就不需要這些亂解釋的老師擔心了，爽爽過難道不對嗎？我不能拿錢做善事嗎？這類用自己價值跟經驗去理解的解釋非常多，充滿了寫書老師個人的價值觀判斷，完全罔顧是否違反了紫微斗數設定的原意，實在是可笑。

為了避免這樣的情況發生，我們應該在學習星曜的時候，專注於基本價值，才能理性地分析，避開自己的情緒跟價值觀影響，也才能將星曜的基本涵義學習掌握得很好，之後帶入各宮位變化以及南派常用的疊宮技巧、北派常用的飛化技巧，甚至宮位內充滿了煞星跟吉星的時候，以及同時有各類四化出現的時候，才不會混亂。一切都必須回溯到最基本價值，從這個基本價值再做出各類變化跟延伸，這樣學習解釋星曜的邏輯，就可以依照基本幾個解釋組合出非常細膩的解盤，也可以檢視自己的解盤，是否用了自己的感情去扭曲命盤的解釋，保持解盤的穩定度。透過這樣的方式，可以回歸紫微斗數在數百年前被設定下來時最原始的結構，幾乎可以在不考慮宮位內其它各種煞星跟四化的情況下，就做出非常細膩的解釋，因為這才是在命盤上呈現出來最原始的架構，等於是我們人心在各方面最基礎、最深層的價值。在這個基本價值上再去討論各類煞星、四化的種種影響才會有意義。就像在《紫微攻略1》裡面，我們把煞星當成破壞環境的力量，因為環境破壞，因此造成人生的變動，但是同樣的破壞，對應每個星曜卻有不同的結果，如同地上出現一個洞（環境被破壞），對於破腳踏車可能很危險，對於坦克車可能沒感覺，但是經過洞，還是會受到影響，只是影響的大小不同，有時可能還會是一個機會，例如法拉利遇到山崩可能完了，越野車遇到山崩卻可能不會有太大的問題，甚至可以順便救救旁邊的法拉利，搞不好還可以賺錢。同樣一場山崩，卻會因為不同的星曜而遇到不同的意義，這樣的理性思考，才能讓我們掌握星曜，並且理性地做出最好的分析。

三 定性與定心

對照宮位解釋星曜的基本練習法

如前面所說，星曜的解釋必須依照宮位做解釋，所以首先我們必須知道宮位的含意，而宮位的含意則需要依照什麼樣的盤去做定義，如圖三表格。

命盤產生的方式 （除了本命盤之外，依照時間區段產生的都可以稱為運限盤）
宮位 基本概念

圖三／

本命、大限、小限、流年／太歲盤說明

流年／太歲盤	小限盤	大限盤	本命盤
依照每年的生肖對應命盤上面的地支產生	依照命盤上每個小限產生	依照命盤上每個大限產生	依照出生時間而產生
依照每一年地支對應命盤上面的地支而產生的命宮，因此所有人每年流年命宮位置會相同，代表了這是所有人都需要去經歷的時間，表示是外界環境對所有人的同步影響，以此產生的命盤也表示是環境影響了我們造成的現象發生。例如在某一年因為環境外界的影響，讓我們下定決心要分手。	命盤上面各宮位有標示了自己虛歲的時間，依照那個時間的宮位做為自己該年虛歲的命宮，以此產生十二宮組成小限命盤，因為自己的虛歲時間代表是自己當下的作為引起的現象發生。例如，我們在某一年因為自己對於感情的想法而決定了要結婚。	依照命盤上每十年一個區段標示出來的宮位，做為命宮產生十二宮，形成命盤，因為長達十年的時間，代表人生中的某個時段，因此同時具備了心態個性，以及因為這些心態個性造成現象的發生。例如，我們隨著年紀的增長面對感情的態度會不同，所以每個大限的夫妻宮會變化。	因為是依照出生時間產生的盤，表示一輩子擁有，影響自己一生，但是也表示只能代表出生就具備的個性特質，以及能力價值觀，不能表示現象，只有父母、家世背景這一類一出生就具備的，才能以本命盤解釋，例如本命夫妻宮只能代表感情態度，不能代表自己的另外一半。

所以，一樣的一個夫妻宮，一樣的一個財帛宮，一樣討論感情、討論財務，卻會因為不同的命盤產生不同的涵義，更別說宮位本身還會有各類型因為宮位轉換而產生的涵義，例如，田宅宮因為是官祿宮的兄弟宮，代表工作上的兄弟，表示合夥人的意思。宮位可以做出這樣的變化，而初學者往往淪陷在這些複雜的變化裡，這也是常見的問題。因為紫微斗數清晰簡單的文字表現（明白的文字，讓人通通看得懂，不像八字或者奇門遁甲，大量利用干支作為代號），加上華人的學習習慣是背誦，誤以為念過更多資料就可以學會更多，其實不然，紫微斗數的基本架構，引用的是西方的數理邏輯，比較像是一張人生攻略圖，這張圖上標示的各個路徑，以及提示的各種危險，還有蘊藏的各類人手的能力與特質，需要公式解開，並且依照公式做變化，才能準確地從資料庫中取出資料並且變化應用。因為紫微斗數的好讀明瞭，容易造成初學者甚至是開業的老師習慣性背誦資料庫，而忽略了用基本邏輯去理解，才會出現所謂第一段婚姻看本命夫妻宮、第二段婚姻看子女宮這樣的謬誤。其實本命盤上的宮位只能表示我們的態度，我們一出生這個宮位就存在，但是出生時，另一半就跟著一起出來了嗎？如果我婚嫁四次，難道第四次婚姻要用疾厄宮來解釋？如果我沒結婚，但是有個陪伴二十年的伴侶，我們彼此深愛守護，甚至還生了小孩，這個人到底要不要算是我的老婆呢？因為不了解命盤的涵義，就會對宮位做出錯誤解讀，最後就會一步錯步步錯地一路歪下去，如同我上課常說的，以訛傳訛，那隻鵝愈傳愈大隻，傳到後面都快變老鷹了。

因此，初學時面對命盤，建議只需要先理解各命盤代表的涵義，不用追求坊間各類書籍對於各種宮位的解釋，如同蓋房子，房子的主要結構都還沒蓋好，就一直討論房間裝潢、誰要住在裡面，那是沒有意義的。先熟稔了基本結構，逐步將基本邏輯套用至可以隨手拿來應用，再追求各類變化，才是真正的方法。

既然星曜的解釋必須依照宮位產生，那麼我們就要先知道各種盤的各宮位所代表的基本涵義，這樣就可以建構出一個人生的基本架構，組成代表自己的小宇宙，有了這樣的概念，再依照各宮的宮位名稱去解釋。例如本命盤的夫妻宮，本命是與生俱來的，我們不會在出生時一邊吃著大拇指，一手牽著老婆從娘胎出來，所以本命盤的夫妻宮只會討論感情態度跟價值觀。同理，我們也不會一出生就抱著一堆帳單出來，所以本命盤的財帛宮只代表自己的財務觀跟能力，再怎麼多煞忌匯集，也不用擔心要負債。不過，運限盤就需要注意會因為自己的個性造成現象發生。所以，本命盤可以說是人生的基本盤，是與生俱來的個性特質，並且會依照這樣的個性特質去影響人生，就像蓋房子打地基，這是練習星曜最好的基礎。因為本命盤的宮位最單純簡單，所以以下都是利用本命盤做星曜的解釋，幫助大家練習利用宮位的涵義，引導出星曜的涵義，讓星曜的解釋不再是背誦，而是推論。

了解各個命盤基本的涵義之後，才能釐清宮位代表的意義，這是初學者容易搞不清楚的部分，才會在敍述現象時感到非常害怕。其實在描述現象的解釋中，如果是在本命盤出現，莫驚、莫慌、莫害怕，因為這只能說「有機會」發生，不能說一定會出現。本命盤中各宮位的解釋，大致上可以分為人際親屬關係的宮位（父母宮、兄弟宮、僕役宮、夫妻宮、子女宮、田宅宮），以及自己人生中非人際關係的部分，通常掌握於自己的部分，因為你無法選擇父母，但是可以選擇工作（命宮、遷移宮、財帛宮、官祿宮、福德宮、疾厄宮），其中田宅宮因為也代表財庫，可以同時存在於兩組分類中。下頁為十二宮位在本命盤的解釋：

圖四／

本命盤十二宮解釋

兄弟 與兄弟姊妹的對待態度，母親。	**命宮** 自身個性與能力特質，影響十二宮。	**父母** 父親，家世背景，教育環境，長相遺傳。	**福德** 福氣，祖上，精神狀態，靈魂。
夫妻 感情價值觀，對象的選擇與喜好。			**田宅** 家世背景，財庫，家人。
子女 對子女的態度，對性的態度。			**官祿** 學業與工作態度、喜好，人生價值的追求。
財帛 對錢財的態度。	**疾厄** 身體，外型，遺傳。	**遷移** 個人在外的展現，希望外人對自己的看法，內心世界的想法。	**僕役** 交友態度，各類平輩關係。

從這十二宮在本命盤上的基本解釋，看得出來都是依照與生俱來的價值與觀念去發展。例如田宅宮，可以說是家世背景，因為出生時住在怎樣的房子，當然是早就存在的事實。出生後住哪裡，當然跟自己的出生背景有很大的關係。同時，田宅宮代表家的概念，所以也表示自己對家的態度，當然這其中就包含了對家人的態度，例如，某人可能兄弟宮有煞、忌，與母親的關係不佳，但是田宅宮內的星曜組合不錯，表示雖然容易跟媽媽爭吵，但是個人因為很愛家，所以為了家的完整還是會忍讓，或者跟其他家人很好，只是跟母親有摩擦。同理可證，如果這個人田宅宮有煞忌，可能不愛待在家裡，但是兄弟宮很好，表示他跟母親感情很好，常外出但也常打電話回家。

較少為人理解的，還有官祿宮。官祿從字面上來說是工作，那是因為古人覺得人生只有工作，而且就是當官，所以才會這樣定義。其實官祿宮說的是對於生命價值的追求，所以官祿宮真正代表的是對人生價值的追求態度，以及追求的能力。例如，官祿宮是紫微星，紫微化氣為尊，所追求的人生價值是希望可以受到尊重與尊貴，並且會將這樣的價值投射在自己日常大部分的時間（絕大多數是工作），至於是否有這個能力當皇帝（紫微是皇帝的概念），當的又是怎樣的皇帝，端看這個紫微星狀態如何，以及與生俱來的能力如何？這才是官祿宮基本的概念，不能只用工作去看待。

還有，父母宮代表的父親也是我們一出生就存在的，因此父親是個怎樣的人，當然也代表了我們的家世背景還有教育情況。因為華人很重視所謂上對下、父對子的身教，所以某些書籍會說父母宮是光明宮，如果父親的能力好，可以庇蔭子孫，如同給了自己一盞天生帶來的光明燈。有的書也提及會不會念書要看父母宮，因為父母宮代表遺傳，以及若是父親會念書，本身是書香門第，當然下一代容易受到薰陶，但這其實已經是延伸的定義了。我們應該把宮位的涵義回歸基本面，其他的解釋都是後世老師定義出來的，這往往是利用自己的觀念跟想法所做的解釋，以父母宮來說就是這樣的問題，這種父親影響自己念書的事情，在這個年代已經大幅度降低了，可能巧虎跟粉紅豬對小孩子的影響還比父母來得大。

所以建議初學時，就宮位的基本意義去熟練星曜，尤其本命盤的宮位其實都是非常基本的中心價值，透過本命盤的十二宮這些基本涵義，就可以讓我們了解一個人，不需要特別熟稔各類變化出來的宮位意義。隨著星曜對應宮位的邏輯清楚、熟練後再延伸變化。如同學做菜，一次給你九把刀，卻每一把都不熟練，還不如先把其中一把練熟了，再慢慢延伸。

在這十二宮裡，還有一個重要的宮位時常被忽略，那就是遷移宮。這個宮位第一層意思代表了我們在外展現的樣子，以及外人對我們的看法，同時，遷移宮也是自己的內心世界。這個概念常常讓人搞不清楚，卻是紫微斗數中依照人性設計出來，非常重要的宮位邏輯。簡單舉個例子，貪狼是慾望之星，也是異性的桃花星，當本命盤遷移宮內有貪狼，對於遷移宮的外在表現來說，是展現了貪狼星的桃花，但是對於遷移宮的內心世界來說，則是貪狼慾望的需求，因為慾望是內心深處的渴望，是較為心理層面的，所以遷移宮的內心世界引用的是貪狼的「慾望」概念，而「桃花」是展現在外的，因此遷移宮對外展現的狀態要引用的是「桃花」這個意思。可見，同一個貪狼星，因為對應宮位的不同意義，引用的解釋也不同。若我們更深一層地解釋，則可以說遷移宮有貪狼星的人，之所以在外面展現桃花，其實是因為他的內心是慾望，也就是說，這個人的慾望（內心），是希望能得到不錯的人緣，所以就展現出桃花的能力（在外表現）。這兩個意思其實是一個前因後果的概念。這也是為何貪狼的桃花特質不展現在外型美貌上，而是展現在對人的態度。實務上我們時常可以看到即使是外型不亮眼的貪狼，一樣會有非常多人喜愛，這是因為貪狼的個性使然。紫微斗數這樣的設計十分貼近人性，也符合現代心理學的邏輯。

這個「內心世界—外在表現」的邏輯也會延伸在各個宮位上，也就是說，各宮位的對面宮位，其實都是本宮的遷移宮——本宮位的內心世界，以及因為這個內心而在外所展現出來的樣子。「本宮—對宮」這兩個宮位彼此互為表裡、互相影響。

以前面提到的遷移宮來說，遷移宮有貪狼，因為貪狼內心對於在外人緣表現的慾望，所以展現出貪狼外顯於人的桃花特質。這時遷移宮的對宮命宮，則是遷移宮的內心世界。也就是說命宮是遷移宮的內在影響，一個人天生的性格與特質，當然會影響內心世界。如果命宮是武曲，武曲是務實的星曜，務實的個性才是自己內心潛藏的特質，所以武曲影響著在遷移宮的貪狼，讓這個貪狼對於慾望的渴求在深層價值上是務實的。因此，武曲在命宮、遷移宮是貪狼的人，雖然貪狼希望得到人緣的慾望影響了他的內心（遷移宮），但是外顯出來的特質，就不像一般人對貪狼的認知，他與人的關係會相對節制且保守。相較於命宮廉貞重視人際關係和個人魅力，對面遷移宮是貪狼的人，「廉—貪」這一組就是天生的發電機，魅力十足。

本宮與對宮彼此影響的觀念，在斗數宮位的邏輯上十分重要，卻也常被疏忽，因此解釋起來才會無法展現紫微斗數對於人生的細膩度與豐富層次。

圖五／
星曜對應宮位連連看

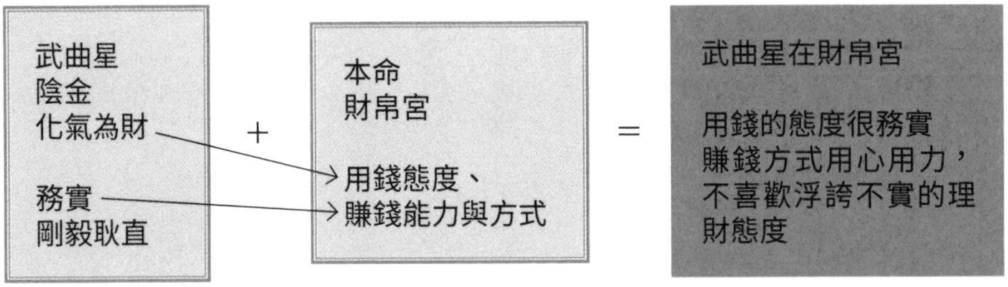

四 ●○ 人生好隊友
雙星同宮的解釋邏輯與空宮

紫微斗數中有十四顆主星，是主要代表宮位內自身態度的星曜，以及幫助這些主星的各類輔星，還有一些雜曜可以當作各種影響宮位跟星曜的小幫手與小問題。本書主要介紹學習十四顆主星，幫助大家利用對於星曜的理解，進而正確解讀本命盤，了解自身的優、缺點以及內心的想法。掌握了本命盤，就可以依此類推掌握運限盤，從而選擇最適合自己的人生路。

紫微斗數中對於十四顆主星的排列組合有十二種（圖六）。事實上，這十二種是由六種組合顛倒後所形成的，所以十四顆主星彼此有相對應的關係，例如巨門星的逆時鐘兩格一定是太陰星，如果巨門是命宮，則太陰一定是夫妻宮，所以巨門的男生通常喜歡很有女人味的女生，而這樣的排列組合大致確定了各星曜的基本特質跟性格，所以常見對於星曜的解釋，其實並非單一一顆星曜的解釋，而是整體命盤組合結構的解釋，這也是初學者常常忽略的。

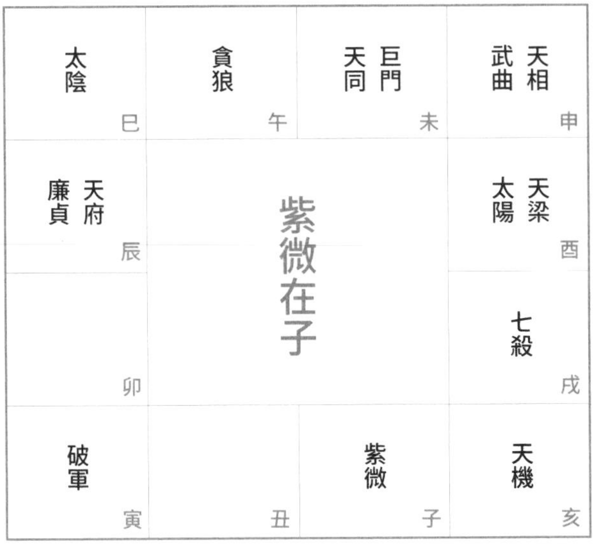

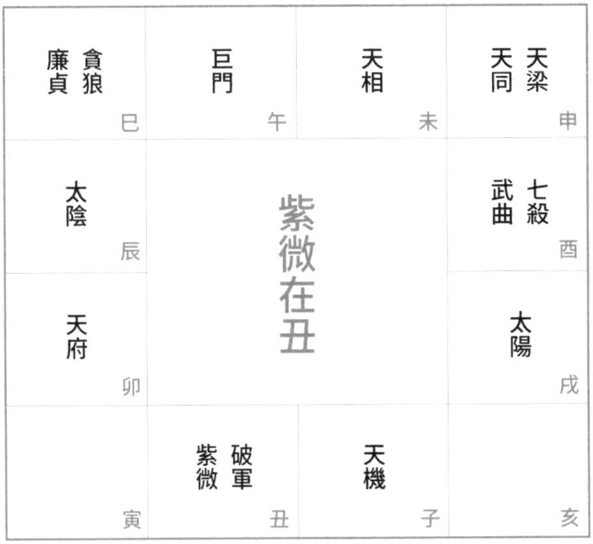

巨門 巳	廉貞 天相 午	天梁 未	七殺 申
貪狼 辰	紫微在寅		天同 酉
太陰 卯			武曲 戌
紫微 天府 寅	天機 丑	破軍 子	太陽 亥

天相 巳	天梁 午	廉貞 七殺 未	申
巨門 辰	紫微在卯		酉
紫微 貪狼 卯			天同 戌
天機 太陰 寅	天府 丑	太陽 子	武曲 破軍 亥

圖六／
十四主星十二種排列組合

天梁 巳	七殺 午	未	廉貞 申
紫微 天相 辰	紫微在辰		酉
天機 巨門 卯			破軍 戌
貪狼 寅	太陽 太陰 丑	武曲 天府 子	天同 亥

紫微 七殺 巳	午	未	申
天機 天梁 辰	紫微在巳		廉貞 破軍 酉
天相 卯			戌
太陽 巨門 寅	武曲 貪狼 丑	天同 太陰 子	天府 亥

天機 巳	紫微 午	未	破軍 申
七殺 辰	紫微在午		酉
天梁 太陽 卯			天府 廉貞 戌
天相 武曲 寅	巨門 天同 丑	貪狼 子	太陰 亥

巳	天機 午	破軍 紫微 未	申
太陽 辰	紫微在未		天府 酉
七殺 武曲 卯			太陰 戌
天梁 天同 寅	天相 丑	巨門 子	貪狼 廉貞 亥

圖六／

十四主星十二種排列組合

太陽 巳	破軍 午	天機 未	紫微 天府 申
武曲 辰	紫微在申		太陰 酉
天同 卯			貪狼 戌
七殺 寅	天梁 丑	廉貞 天相 子	巨門 亥

武曲 破軍 巳	太陽 午	天府 未	天機 太陰 申
天同 辰	紫微在酉		紫微 貪狼 酉
卯			巨門 戌
寅	廉貞 七殺 丑	天梁 子	天相 亥

天同 巳	天府 武曲 午	太陰 太陽 未	貪狼 申
破軍 辰	紫微在戌		巨門 天機 酉
卯			天相 紫微 戌
廉貞 寅	丑	七殺 子	天梁 亥

天府 巳	太陰 天同 午	貪狼 武曲 未	巨門 太陽 申
辰	紫微在亥		天相 酉
破軍 廉貞 卯			天梁 天機 戌
寅	丑	子	七殺 紫微 亥

圖六／
十四主星十二種排列組合

在這些排列組合中，有許多組合會出現兩顆星曜排在同一個宮位內，這也是在初學時期，讓人無法解釋跟面對的難題，兩個星曜到底該如何解釋呢？

雙星的組合該如何解釋，有個最簡單的辦法，也是依照紫微斗數對於雙星組合的基本概念去聯想。紫微斗數在對星曜的設計中，利用主星作為主結構，雙星作為變化結構，如果紫微斗數在設計時是將人當成一個小國家來看待，那麼在現代來說，當成一間公司來看待更好理解。利用各種宮位建構出一個組織架構，各宮位就是各部門，這時宮位內的主星就可以當成是各部門主管，所以各部門主管就會影響管理，各種主管就會產生各種不同的結果，這個結果其實就是我們解盤的基本概念。但是，我們往往會錯誤地以為這個結果會是星曜的意義，其實這是星曜在宮位內產生出來的變化，依照這個變化而出現的現象。就像同樣的財務部門，由不同的主管主事，就會有不同的結果跟風格，也會因為不同的風格產生不同的效應；而同一個人待在不同的部門，也會展現出不同的態度，就像一個業務能力很強的人去當總經理，不見得也能做得好，這是本書希望幫大家釐清的觀點，也是前面說到的基本解釋概念。

當我們遇到雙星的時候，可以當成部門內有兩個主管，一個正、一個副，正副主管同樣管轄這個部門，副主管會影響正主管的觀念跟想法，有時候是幫助調整正主管的缺點，例如武曲星的重點是剛毅耿直，缺點就會變成不近人情，所以武曲星適合跟桃花星放在一起，假使武曲跟大桃花星貪狼放在同一個宮位，會是武曲不錯的組合。也有些副主管會影響正主管，甚至造成正主管改變個性，這樣的正主管通常本來就是比較不強勢、不穩定，例如天同、巨門。天同本來就是天真善良、與世無爭，也因為這樣不計較、不在乎的個性，算是福星，但是如果跟沒有安全感的巨門放在一起，旁邊的巨門就會一直影響天同，到處擔心、事事不安，反而造成天同沒辦法那麼單純自在，所以天同跟巨門在一起的時候，會被說成天同的福分破格。

雙星的組合，我們應該將前面那顆星當成正主管，後面那個當成副主管，再依照副主管影響正主管的邏輯去聯想。因此，宮位內如果有雙星，例如紫微、貪狼同宮，其實還是以紫微為主，不能說那個宮位是貪狼星，只能說紫微被設定為皇帝，是一個比較貪心愛玩、有許許多多慾望的皇帝，卻不能說他是慾望無限的貪狼星。如果可以理解這一點，就可以簡單地釐清一些長年在星曜上的爭論，例如火星加貪狼是重要的火貪格，那麼紫微貪狼加上火星算不算火貪格？其實正式來說是不算的，應該說是一個火貪格的副主管影響著紫微這個正主管，不能直接說是火貪格。

而雙星中有許多組合會出現另外一個讓大家非常困惑的問題，就是「空宮」。空宮的主要定義就是宮位內沒有主星。紫微斗數在明朝的時候只有十四顆主星，還有文昌、文曲、左輔、右弼這些輔星，以最基本的主星組成了基本結構，因此沒有主星就算是空宮，就算有其他星曜都不算。當空宮出現時，最簡單的方式就是把對面宮位的星曜直接放在空宮裡。不要遲疑、不要害怕，也不要慌張，因為紫微斗數是用十二宮連動一起建構人生，沒有主星在夫妻宮，不表示沒有另一半，因為本命盤夫妻宮代表的是感情態度跟價值觀，運限盤夫妻宮代表的是價值觀跟現象，而宮位本來就不會單獨存在，至少必須與對面宮位連動，也受其他十一個宮位影響，所以這跟自己是不是沒有老公，真是一點點皮毛關係都沒有。各位擔心受怕的原因有二，其一是我們習慣性地覺得空了就是不好，很害怕；另外一個原因就是許多根本沒有學好的老師，拿著空宮到處嚇人，事實上只是自己誤解了古書上說的「逢空」的空劫星，當成是空宮，這種對於稍有紫微斗數概念的人而言會笑掉大牙的說法，基本上是連基礎的紫微斗數概念都沒有，亂抄一通來的。如同現在還會有人以為紫微斗數是因為封神榜而生的一樣可笑。空宮，其實只需要將對面的主星放進空宮解釋就可以了。

唯獨有個小小的問題，就是當空宮的宮位內沒有主星，但是卻有「文昌、文曲」這兩顆星，或「擎羊、火星、陀羅、鈴星」這四顆煞星的時候，就不能將主星借過去，必須將這些輔星的特質當成主星，來對應宮位解釋。坊間有所謂借來的星曜力量少一半的說法，其實是因為隨著運限變化，會有運限的擎羊跟陀羅進去原本不存在煞星的空宮，就會造成沒有煞星的時候可以借，但是有運限煞星進去時不能借，這樣有時候可以、有時候不行的狀態，在實務論命時會產生一種不穩定的感覺，好像力量不夠，才會有空宮借星力量減半的說法，其實只要依照紫微斗數原理去看，就可以清楚解釋，解釋不出來，就是因為老師個人的經驗使然。

因此，面對空宮一點都不需要害怕，更別說有時候空宮更能表現出內外一致的概念，因為借來之後，本宮跟對宮都是同一組星曜。

五

看到真心性的明鏡

對宮是星曜不能忘記的內心價值

有了前面的基本概念之後，就可以利用這些基本架構，真正地對應宮位和解讀星曜在其中的涵義。最重要的是，所有星曜都需要看看對宮的星曜是什麼，依此解讀本宮星曜，否則就無法做出深度的解釋。

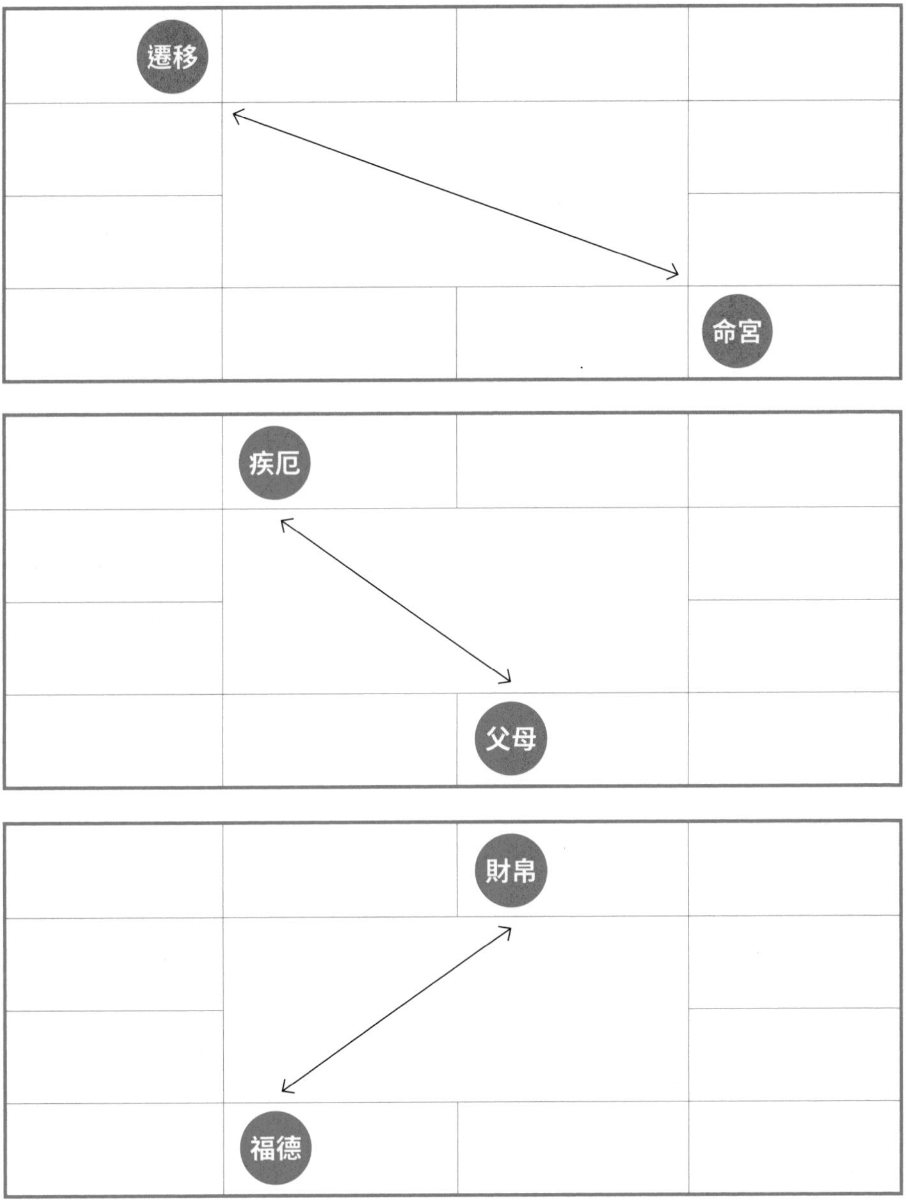

圖七／
十二宮各自對宮圖

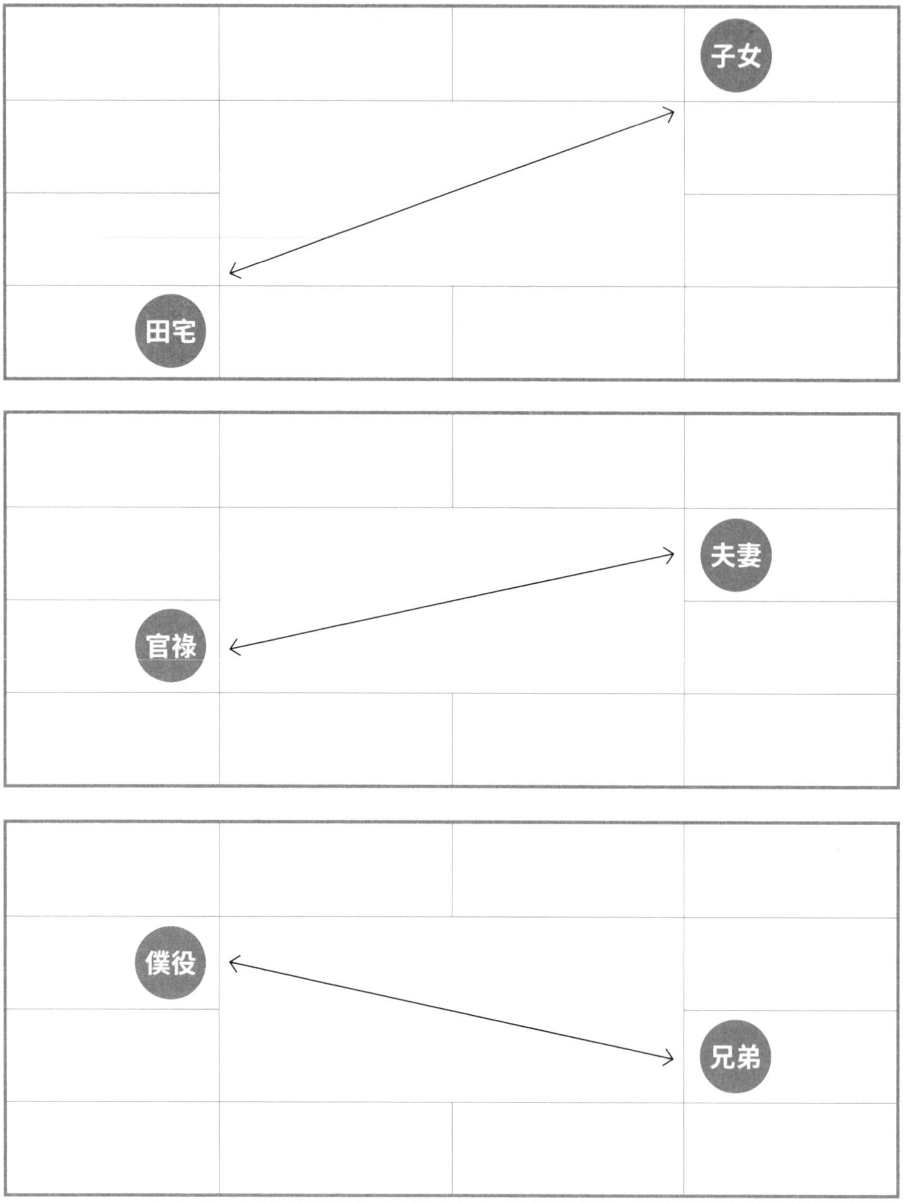

圖七／
十二宮各自對宮圖

一般書籍與初學者都是單純地背誦星曜的解釋，所以面對星曜放進宮位內的時候，無法做出好的應用，因此我們不該去記星曜在哪個宮位是什麼意思，因為這樣的學法永遠無法將資料背完，也很難加以運用，應該善用前面所提到的，先想宮位的意義再對應星曜的價值，依此推演出星曜在這個宮位上的解釋。有了這樣的基本概念之後，更進一步需要注意，每個星曜其實有「內心」的涵義，這是紫微斗數相當巧妙的地方。如同一個粗獷的男人可能擁有一顆溫柔的內心，一個柔弱的小女子卻有著堅強的意志力。我們單純說這個人很粗獷，並不能用此判斷這個人真實的樣貌，只看這女生嬌小的樣子，無法分析出她可能因為堅強的意志可以成就許多事。所謂星曜的內心世界，就是在每個星曜的對宮，從星曜所在位置的對宮星曜去了解星曜真正的內心想法，才可以理解為何這個星曜會有這樣的解釋。

而且紫微斗數在設計上相當有意思，例如為了夢想可以不顧一切的破軍星，對面卻一定是做任何事情帶有自己尺度的天相星；為了目標可以堅持不放棄的七殺星，對面永遠是有謀略且務實地追求理想的天府星。在紫微斗數中，只有這兩顆星曜的對面星是固定的，所以這兩顆星曜也常常讓人覺得個性絕對鮮明，因為無論在哪裡，內心永遠不變，頂多代表內心的對面宮位主星會是雙星組合，而雙星中會有一個有變動，所以大致上的方向會相同，這也說明了為何破軍星跟七殺星的特質常常會讓人分不清楚，感覺兩個星都是那種可以不顧別人看法的原因，其實破軍星因為對面是天相，破軍追求夢想中往往會有自己的一套邏輯，而且這個邏輯跟規範是旁人無法、也不容許被打破的，如同天相的本質「化氣為印」蓋了章一樣，但是這個規範是自己給的，所以隨時都可以改變；七殺則是對目標的堅持，兩個星曜都有固執己見不聽人勸的概念，但是破軍呈現在對於夢想的追求，七殺則是對於既定目標的堅持，因為七殺對面是天府星，天府是相對具有謀略且務實穩定的星曜，所以七殺不會讓夢想換來換去。除了這兩個星以外的其他主星，對面星曜都會有所不同，因此影響星曜的特質相對較大，因此我們會覺得七殺、破軍更堅持自己的看法（因為感覺都差不多），而其他星曜因為對宮會不同，所以會有更多的變化。

例如，天機星，對面會有巨門、太陰、天梁這些組合，對應天機星化氣為善，個性善良而善變的特質，展現出來的特質完全不同。「天機—太陰」對拱，因為太陰星是桃花星，也是屬於媽媽的星曜，所以可以消除許多天機星人因為聰明而產生孤芳自賞的問題；而「天機—天梁」這一組，則因為天梁星也是個聰明且博學的星曜，所以這一組的天機星雖然算是個性善良，但相對太陰那一組，這一組就算與人為善，也有某種程度的疏離感，讓人有捉摸不定的感覺。有了以上的基本價值判斷之後，我們再套入宮位來解釋，就可以更加清楚，不會讀了許多解釋卻無法套用在宮位。同樣以天機星來說，天機星因為是個較善於變動的星曜，所以通常會說不要再遇到桃花星，尤其是天機、太陰這一組，否則很容易產生感情問題。這句話當然可以背起來，但是背起來就無法理解原因，無法靈活應用。所以我們要從基本原因來看這個解釋背後的原理，究竟是什麼原理而做出這樣的解釋呢？

除了命宮統管十二宮，所以會有這樣的狀況出現之外，討論感情當然要看夫妻宮，而本命盤是先天的特質跟個性。如果有一個人夫妻宮是天機，對面官祿宮是太陰，夫妻宮是感情的態度跟價值，情感上當然會因為特質是善良跟善變的天機星在夫妻宮，而希望不能一成不變。夫妻宮也表示了喜歡的類型，天機星聰明有邏輯，所以他喜歡的類型不能太笨，要是個聰明有邏輯的人，他自己在處理感情的態度上，也會有條理，而且希望可以跟對方用邏輯說道理的方式溝通，這是天機在夫妻宮的基本情況。但是**在情感上內心的真正想法，卻會因為對宮的星曜不同而大有差別**。在一樣的基礎下，對面官祿宮（感情的內心世界）如果是太陰，因為太陰星的桃花特質以及女性的特質，他在情感上希望的「不能一成不變、對方要聰明有邏輯」，要能展現在生活上給予細膩照顧這一點，他自己也會用同樣的方式去對待人。也就是說，這個天機的聰明多變會展現在太陰的母性特質上，或者說太陰的母性特質影響了天機的價值。相對來說，原本天機星偏向理性的邏輯思考，以及希望感情的溝通要有條理，可能在「天機—太陰」這一組就會較弱，因為柔情似水才是他的重點。也是這個原因，古書上會說這一組合不適合再加上其他桃花星，否則就會出現許多感情問題。傳統的算命師會告訴你這樣的女人不能娶、男人不能嫁，但是仔細想想，一個人在情感上，感性多於理性，而且處理情感又聰明、柔情兼具，當然是個很吸引人的特質，如果再補上一些桃花星，魅力四射當然就會吸引許多人，加上不喜歡一成不變，自然容易在情感上出問題。因此，如果他能遇到一個本來個性就多變化，總是可以讓他感到驚喜的聰明人，並且帶著一點孩子氣（滿足太陰的照顧特質），自然就毋須擔心。我們用原理去理解就會清楚明白，這樣利用對宮星曜解釋出來的特質會非常細膩。

同樣地，若是巨門星在對宮，因為巨門的化氣為暗，內心黑暗所產生的不安全感，會影響天機星的狀態。巨門星一樣是某類型的桃花星，但是因為重點在於黑暗的內心，所以感情的多變其實來自於情感上的不安，加上其他桃花星一樣會有感情問題，只是太陰的重點在於感情浪漫以及對人的照顧，巨門來自於對感情的不安全感，所以同樣具有感情變動的特質，卻是不一樣的感情問題。從對宮的星曜，我們才能看星曜在宮位內真正的態度跟涵義，掌握了這樣的基本概念之後，對應各類的四化跟煞忌，才會知道該如何解釋，例如天機星如果化忌在夫妻宮，情感上的變動以及各類想法會造成自己對於情感的需求與期待（化忌產生空缺），對面是太陰的天機會利用工作上與人的接觸、細膩的心思增加桃花機會，期待可以有戀情去填補自己在情感上的空缺；但是巨門在對面的天機，卻是不安全感大大加深，對情感的不信任讓他總是不知道該如何面對感情。

接下來，我們將利用十二宮每一宮的特質，來套用在各星曜的組合，逐一為大家解釋各星曜在十二宮內的內心特質。掌握了星曜的內性特質，就可以搭配《紫微攻略1、2》，讓自己在解盤上有更精確的解釋。每一個宮位與星曜的單元中，以本命盤為主要解釋。每個單元後面會有個小練習，將以「如果這個組合出現在大限命盤上該做何解釋」為題目主旨，以此幫助大家學習利用星曜解盤的觀念。

第二章

我是什麼人——

命宮中星曜的個性特質展現

觀念建立

星曜依照宮位得以產生解釋。本命盤十二宮中，命宮代表一個人與生俱來的價值跟個性特質。因此，目前幾乎所有星曜的解釋，都是討論星曜在命宮的涵義，例如貪狼星代表桃花、異性緣好，這個解釋說的當然是貪狼在命宮，不會是貪狼在田宅宮，所以幾乎每個我們所知道的星曜概念，說的都是命宮；也可以反過來說，星曜在命宮的解釋，可以說是這個星曜的主體價值，而對面遷移宮所在的星曜，就是這個在命宮的星曜之潛在特質。各星曜在命宮所展現的，是這個人基本的個性與價值，並且其解釋會受到對宮所代表的內心狀態所影響。以下我們就來看看各個主星在命宮的特質。

一 紫微星
有皇帝心不一定有皇帝命

紫微斗數最能讓人馬上記得的就是紫微星，這顆星曜被設定成皇帝的概念。因為紫微斗數設計星曜的時候，將命盤當成一個國家，所以依照每個星曜的陰陽五行與化氣的特質，給與一個在國家中的身分，賦與星曜更鮮活的印象。而紫微星的皇帝特質就來自於化氣為尊，是一個尊貴的概念。但是，皇帝之所以尊貴，並非自己產生，而是要眾人給與。如果只是因為血統就認為自己是皇帝，那就是個沒用的皇帝，必須要有足夠的執政團隊給與皇帝足夠的權力，所以紫微星的重點在於，它所在的宮位以及三方四正，或至少是夾宮，必須有以下幾顆輔星：文昌、文曲、左輔、右弼、天魁、天鉞，如果可以再加上天府跟天相，就更好了。

圖八／
紫微星以及三方四正、夾宮

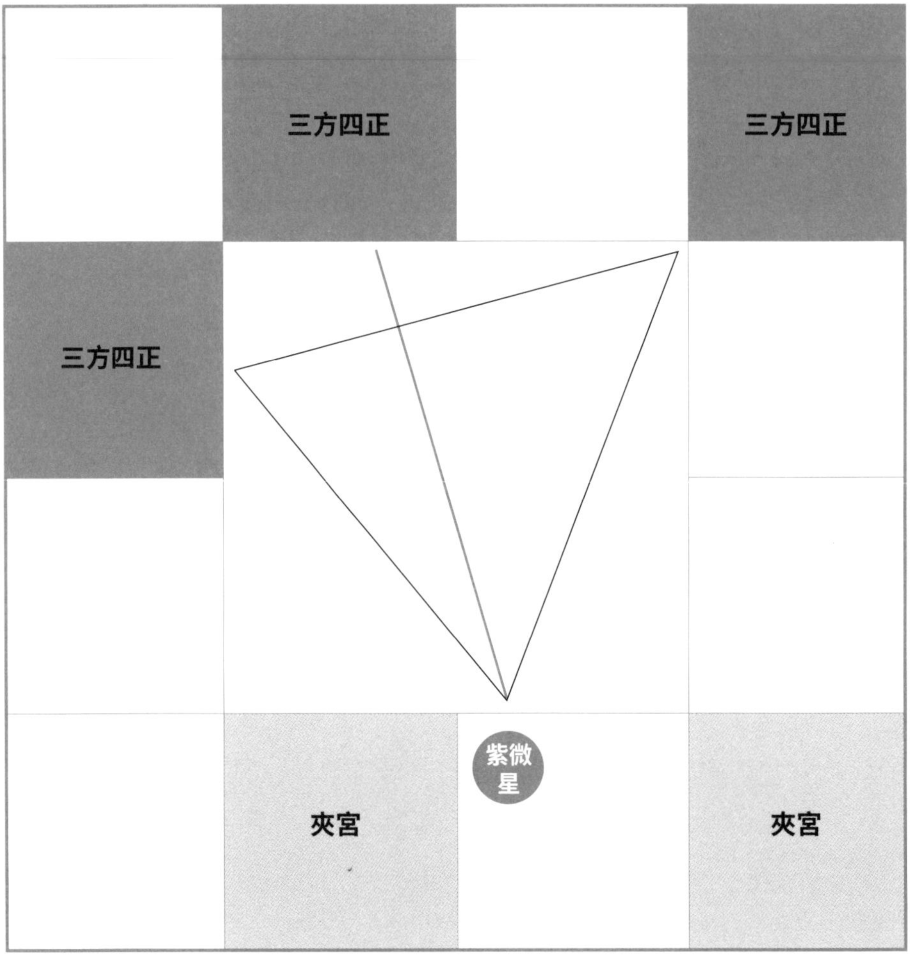

所以古書上說左輔、右弼、天魁、天鉞、天府、天相這六個星曜湊齊在三方四正內，會有一個很棒的格局，叫「君臣慶會格」，表示整個執政團隊很爽快地開趴慶祝，這麼開心的狀態當然表示皇帝領導有方、團隊能力很好。但是如果沒有了這些星曜呢？就會變成一位弱勢的皇帝，空有理想但是無法做到，會有心有餘而力不足的感嘆，有著皇帝的雄心卻沒有皇帝的命。三方四正內，湊到愈多上述的輔星愈好，愈多人幫忙愈能彰顯皇帝的尊貴，當然，要全部湊齊確實不簡單，若真的湊不齊，至少一顆也行，如果都沒有，至少兩旁的夾宮也行，十二宮有六個宮位，六顆星，這樣高機率的組合還是湊不到，這個紫微就真的比較可憐了。

紫微星所看重的，是皇帝本身是否有足夠的團隊。有了團隊，紫微星就有展現能力的機會。紫微星本身還有許多組合，透過不同的組合會有不同的個性特質，也就是說，在不同的紫微星組合下，其實各個皇帝的個性特質都不同，搭配上是否擁有團隊，再依照所坐宮位去判斷在宮位中產生的特質，才能對星曜做出主要解釋。

圖九／

紫微星分布圖

巳 紫微七殺	午 紫微	未 天相	申 七殺
辰 紫微天相			酉
卯 紫微貪狼			戌 破軍
寅 紫微天府	丑 紫微破軍	子 貪狼	亥 天府

1.／紫微對宮為貪狼

紫微星如果是自己一顆獨坐的時候，對面一定是貪狼，這個組合其實是絕大多數書籍解釋描述紫微星的時候，所採用的主要組合。命宮是紫微星，對面遷移宮是貪狼的這個組合，因為貪狼是慾望之星，所以紫微星的化氣為尊、期待享受尊貴的生命價值，會受到內心的貪狼影響，可以說是最直接展現紫微星特質的組合。貪狼的內心慾望影響著紫微，希望得到眾人的崇敬，也因此展現出對人的和善親切，表現貪狼對外的桃花特質以及學習心，希望自己可以跟所有人都說得上話，能夠得到大家的喜愛，並且受到大家的尊崇。也是在這樣的情況下，通常我們會說這一組不適合在貪狼的三方四正遇到煞、忌，因為煞、忌可以看成是最根本不受控制的慾望與情緒，一個人如果期待自己是眾人喜愛並且尊崇的對象，但陪伴他的不是左輔、右弼這些組成團隊的星曜，而是比較衝動的情緒，當然就容易感覺懷才不遇，或是會有點任性，還好有貪狼這個大桃花在外面，可以利用自己的魅力，來解決皇帝的任性跟尊貴價值產生的高傲。

一般很容易誤會的是，因為紫微是皇帝，所以非常厲害。其實紫微的皇帝概念來自於化氣為尊，這個尊貴的背後有個隱藏的概念，就是某個程度的耳根子軟，對於別人的吹捧，總是有高高在上的尊貴感，紫微也會有這樣的特質，因此很容易受到雙星組合旁邊主星的影響，也就是遇到什麼樣的副手對這個皇帝的態度影響很大，對面宮位是什麼星曜，也會一起影響這個紫微皇帝。

2. 紫微、七殺同宮

紫微、七殺在古書上面會說是化殺為權，也就是說當紫微跟七殺放在一起，會讓紫微本來的尊貴，轉變成重視權力跟權勢，這是因為七殺星的對面永遠會有天府星，而天府星是化氣為權、重視權力的，這時紫微原本重視尊貴的態度就會建立在權力上。也就是說，同樣感到擁有尊榮，有人是因為身上充滿名牌，有人是因為得到讚賞，有人則是因為掌握權力。而紫微星本身具備的化氣為尊，受對面的天府星影響，這個尊貴的來源和深層需求，是建立在自己握有權力之上，這也是跟七殺放在一起的時候會化殺為權的原因。加上七殺在旁邊幫助紫微星，七殺本身具備對於目標的堅持與毅力，剛好跟對面的天府內外呼應，所以我上課會打趣地說，七殺就像殺手，皇帝身邊有殺手，當然大權在握，就算沒有團隊也沒關係，因為他有東廠錦衣衛。因此這個紫微七殺的組合，相對來說其實並不那麼重視三方四正是否有足夠的團隊，有團隊當然很好，可以幫忙，但假使沒有團隊，他也會靠自己的努力。

3. 紫微、破軍同宮

如果說擁有殺手的紫微、七殺握有權力，可以孤軍奮戰，那麼擁有軍隊的皇帝，是不是就更加具備很好的能力呢？我們可以把破軍星當成一位有夢想的大將軍，紫微受到這個感性又有夢想的將軍影響，也就會是比較擁有夢想跟抱負的皇帝。而破軍的對面是天相星，一旦紫微、破軍的組合，對面剛好是天相，這就符合了紫微星三方四正內要有天府、天相、左輔、右弼、天魁、天鉞其中一顆星。天相被設計成宰相的概念，是官場上可以調和人事、處理人際的人，對面是天相的紫微，相較於對面是天府的紫微、七殺，通常會有更好的人際手腕，也更重視自己內心的規範，相對降低了紫微星因為化氣為尊的尊貴特質而產生與人不好親近的問題，所以這可以說是紫微星最好的組合，紫微尊貴的特質展現在自己的事業與人際網絡上，即使少有那些吉星幫忙，至少天生就具備了一個天相。

4. 紫微、貪狼同宮

這個組合對面一定是空宮，如果是空宮，就從對面借主星過來，兩個宮位都是紫微貪狼，表示這是一個表裡如一的組合啊！這麼表裡如一當然就會充分展現出貪狼對紫微皇帝的影響，相較於旁邊有七殺、破軍的紫微組合，人生的夢想、事業的掌握，會是自己努力的目標，紫微貪狼這組則是貪吃、貪喝、貪玩，什麼都想試試看。而且因為對宮是空宮，造成表裡如一的情況，這個皇帝的尊貴感受當然就來自於是否能夠有更豐富的人生、更多不同類型的生活經驗，因此紫微貪狼的組合在古書上被說成是「奴欺主」，意思是旁邊的貪狼把皇帝帶壞了。事實上，這是因為在古代的價值觀來說，玩樂是不對的，但是一個人可以一生玩樂，不也表示這個人的生活環境應該還不錯，而且能力不會太差嗎？

很多人分不清楚這跟紫微破軍的組合有何不同？破軍也是擁有很多夢想，但是破軍的對面有天相，所以這個皇帝敢作偉大的夢，但夢想還是要顧及人際關係以及某些自我價值，貪狼則是什麼都想試試看，成不成功不重要，但是也不會做太大的努力，因為對人生美好的感受來自於豐富的體驗，不是來自於紫微七殺的萬人之上，或是紫微破軍的成就夢想。

因為對宮是空宮，可能會有四煞星「擎羊、陀羅、火星、鈴星」，還有「文昌、文曲」，有這六顆星進去的時候，空宮就不能借對面的紫微、貪狼，這時候又該怎麼解釋呢？其實就是把這六顆星的特質，拿來當做這個喜好豐富人生的皇帝內心的世界，例如對面是擎羊，這個紫微貪狼雖然喜好豐富人生，偏向享樂主義，但是因為擎羊在內心，所以還是會對自己的人生與事業有所期待跟努力，這時候就要看是否有足夠的吉星可以幫忙；如果對面是陀羅，則相對來說差一點，無法發揮紫微、貪狼那種真瀟灑的特質，常常會糾結在自己的慾望跟現實中，裹足不前；若是火星，則表示火星的光輝燦爛是紫微、貪狼重視的，內心個性的急躁當然免不了，但是浮華的世界才是他的追求。許多人會問，古書上所謂火貪格、鈴貪格在這種雙星組合算不算呢？其實說算也能說不算，所謂火貪格，是因為貪狼的慾望加上火星的衝動爆發力，又遇到足夠的條件（例如有足夠的化祿、祿存），就會產生速發的機會，但這是與單獨的貪狼星在一起時才論的，如果是紫微加貪狼呢？我們可以說，這時候是有慾望以及爆發力的貪狼影響著紫微皇帝，所以是否會有速發的機會，還是要看紫微的情況，如果沒有好的條件，就只是個性火急，想將慾望快速展現而已。至於鈴星如果在對宮，則紫微、貪狼會受到鈴星影響，而具有冷靜與謀略計算，這一個組合算是相當不錯，因為有好的環境、聰明的能力，以及因為慾望而喜歡諸多事物，但是加上了鈴星，表示在內心有計畫的盤算，完成自己豐富的人生，反而可以免去紫微、貪狼如果對面是空宮容易太過浪漫，較不能專心事業的問題。

最後是文昌跟文曲，這兩顆星一個是很有規矩不敢犯錯的文昌，以及心思變化多端、有著小小浪漫的文曲，我們可以想像，當對面是文昌，這個貪玩的皇帝不太敢玩，也同時限制了紫貪皇帝追求豐富人生的可能性；文曲則代表這個紫貪皇帝內心期盼擁有更不同的人生，但是紫貪已經很多慾望、很敢追求了，還要如何不一樣呢？當然可能就會因此個性離經叛道，特別是又遇到煞、忌進去時。

5. 紫微、天相同宮

古書上說這個組合是「造反之局」，事實上是因為這個組合的紫微通常能力都很好，相對紫微七殺重視自己的權力、紫微破軍追求夢想、紫微貪狼想要豐富人生，紫微跟天相的組合因為受到天相重視規矩並且注重人際關係的影響，以及天相星具備良好的溝通協調跟組織能力，這算是能力相當不錯的人，而且所追求的尊貴不會非要是自己當老闆獨當一面。但是，天相的對面一定是破軍星，所以這樣一個有守、有為、有能力的人，其實內心放著一個遠大的夢想，而且是不想受到控制的靈魂，如果機會到了，就會想要開創自己的人生，例如他覺得老闆太笨，無法帶給自己更多的機會，那就乾脆自己來，這就是被稱為造反之局的原因。這個組合的人本來很乖地遵守分際，會因為天相遇到煞、忌，以及破軍的浪漫引發放棄規矩、自己努力的個性。如果破軍星可以化權，穩定破軍星的浪漫，這個人其實能夠白手起家有所成就，甚至會比前面的紫微、七殺，或者紫微、破軍還好，唯一的缺點就是，平時對人很好、很有規矩的人，如果踩到他內心的紅線，對宮遷移宮的內心破軍星就會爆發，變得情緒不能控制。

6. 紫微、天府同宮

紫微、天府這個組合最常被誤認為黃金組合，因為古書說這兩個都是帝星，如果兩個同時在命宮，好像非常不錯。事實上，紫微重視自身尊貴的價值，而天府卻很務實，只重視是否可以掌握展現人生的實際權力。兩顆組合在一起的優點是，這一組大概是紫微、七殺那組以外最務實，最有希望事業成就的；缺點是人往往無法面子、裡子兼顧，兩者同時都要，有時候就會變得很辛苦，因為天府的對面一定是七殺，所以這一組的內心就是七殺星，一個人面子、裡子都要，對於自己內心的想法堅持、不放棄，當然就會辛苦一點。七殺堅持不妥協的價值觀，影響了紫微、天府，這個紫微組合會讓人有種固執的感覺，女生容易出現男孩子個性，這樣一個尊貴又堅持，而且面子、裡子都要的人，當然很需要別人的幫忙，所以是不是有足夠的吉星，就變得很重要。雖然如同紫微、天相，六個需要湊齊的星曜已經湊到一個，但天相有輔佐的概念，天府則會直接跟紫微衝突，所以會有反覆不定的小問題，如果再加上其他吉星，在各個領域都有人幫忙，當然可以解決問題，完全呈現兩個帝星的優點；如果沒有，還有一個可能是命盤上的太陽在落陷位置。

紫微斗數中有個概念，太陽在旺位的時候星曜能力比較強，但是比較強不一定比較好，在紫微、天府這個組合裡就有這樣的情況。紫微、天府會在命盤中寅跟申的位置，在寅的紫微、天府，因為太陽同時會在落陷位置，而太陽在落陷位置上的星曜力量不大，所以紫微跟天府這兩個彼此價值觀落差很大的星曜，反而不會起衝突。但如果紫微、天府在申位，則太陽在旺位，兩顆星彼此競爭、分化，這個人同時要面子、裡子，又追求事業，又因為七殺的影響，固執又難勸，就容易發生問題，往往變成有恢弘的企圖心卻沒有實踐的能力。

圖十／
太陽旺與落陷位

旺位	**旺位**	**旺位**	**申位** **落陷**
旺位			**落陷**
旺位			**落陷**
旺位 **寅位**	**落陷**	**落陷**	**落陷**

紫微星在命宮小練習

面對裁員，紫微星各組合可能的反應。

解答／

紫微七殺 乾脆自己來，不再擔心被人裁。

紫微天府 看看有沒有機會跟人合作創業，或者找機會換家更好的公司。

紫微破軍 還沒被裁員之前，可能已經打算創業或跳槽。

紫微天相 沒有煞、忌的話，會找下一份工作；有煞、忌的話，乾脆把工作團隊帶出去，另開一家公司跟老闆打對台。

紫微貪狼 先出國玩一下再回來找工作。

紫微對面是貪狼 有機會玩就玩，沒機會就找工作。如果紫微化權，則考慮創業。

二・天府星
坐擁地盤，務實而大度的王爺

相對於被設定為皇帝的紫微星，天府星雖然在古書上也被形容為帝星，但其實比較接近王爺與地方諸侯的概念。一樣是希望受到尊重，擁有自己的地盤，但因為是王爺身分（所謂王爺就是在皇族裡面搶不到皇位，被分封到地方當大王的貴族），心態上會較紫微務實很多。因此，紫微是化氣為尊，天府是化氣為權，實際掌握在手上的權力，才是他真正在乎的事情。而地方諸侯需要自己籌措財政，以及要能自己應付許多問題，因此，天府星也是財庫星，當天府星遇到「祿存」，或者是在雙星組合中遇到另一顆星化祿的時候，便可以展現自行籌措財源的財庫能力。

當然，提到財，需要對應財帛宮或命宮（命宮管十二宮）才算，如果不是，則不能算是錢財，但是可以有庫的意義，有「聚集、擁有」以及「自己產生、累積」的概念，例如天府跟祿存都在子女宮，會愛小孩，希望有多一點的孩子，或是重視家庭旅遊與吃喝享受，因為這些都是子女宮的涵義。一定有人想問這是要同宮還是三方四正就算？回想一下三方四正的概念，同宮當然最好，如果是三方四正也可以，只是對天府的影響就沒那麼直接，而是來自相對應宮位的影響力，例如紫微在命宮，天府在財帛宮，廉貞在官祿宮，見下頁圖十一。

圖十一／

紫微在命，天府在財帛，廉貞在官

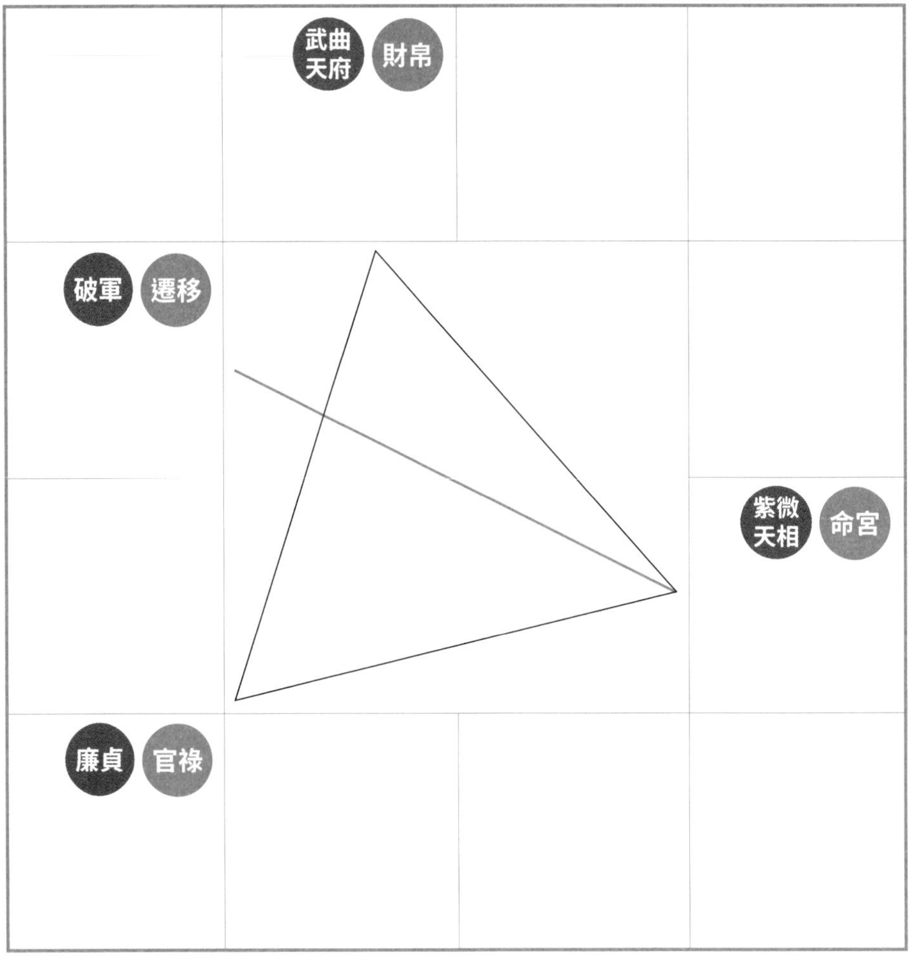

官祿宮有一顆祿存星與廉貞星放一起，代表這個人工作很努力而且有守有為，這樣的工作態度不會想要搶短線追求快速的成就，影響了在財帛宮的武曲、天府，讓這個人理財很務實，會一步一腳印地做好理財規劃，累積財富。

所以，雖然天府星也是帝王星，有工作團隊幫忙會比較好，但是務實的態度跟個性，讓他願意親力親為，所以是否有祿存，讓他呈現出財庫的狀態跟能力，會比是否有團隊更加重要。另外，天府星因為需要自己經營事業、建立地盤求發展，所以具備自我求生的能力，因此有「化煞為用」——把煞星抓來為自己所用的能力。煞星的破壞能力通常也具備了創造跟決心的特質，所以天府星可以不受煞星的影響，反而借用煞星的能力。不過凡事有平衡，所以煞星也不能太多顆，三方四正可以容納的煞星在兩顆以內，一旦太多，好比黑道養太多總是會被黑道吞食，天府王爺也會不好控制，這是天府星的基本概念。

圖十二／

紫微與天府相關位置

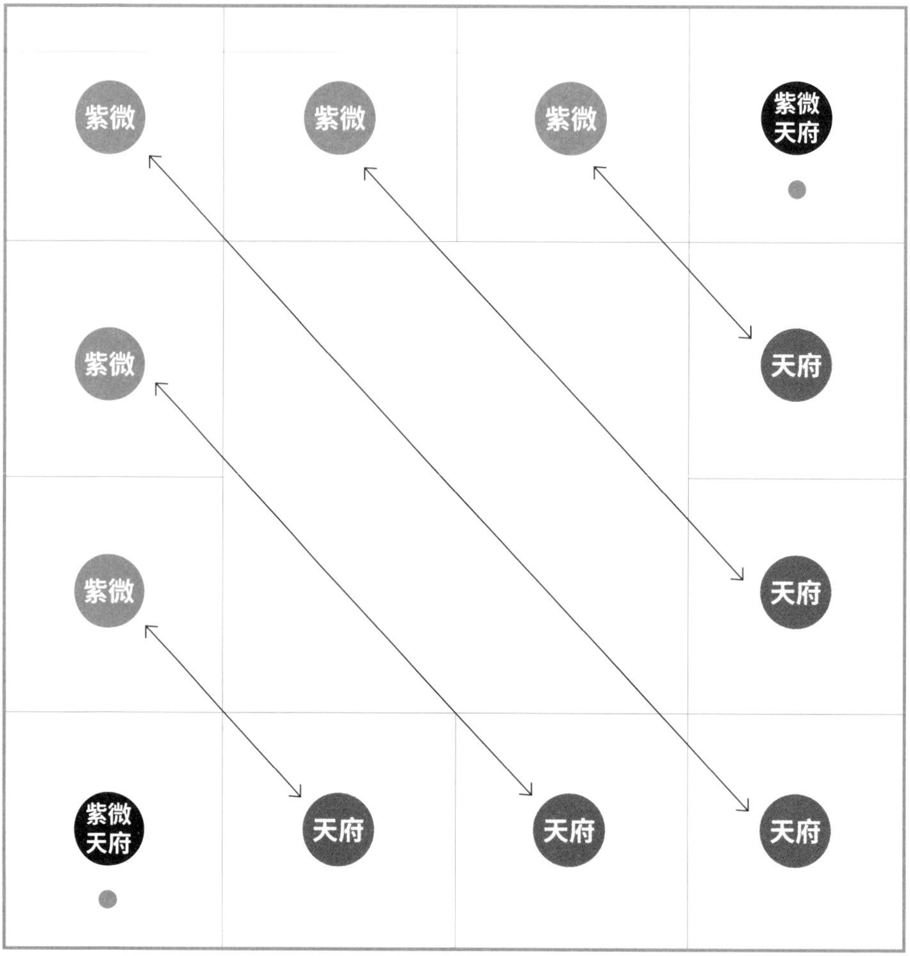

天府星跟紫微星有一定的位置配置（圖十二）。天府星的對宮一定是七殺星，所以天府星會受到七殺的影響很大，這個看起來雍容大度的王爺，其實內心是個堅忍不拔，希望一切以他的意志為依歸的殺手，因此天府星會有一個隱藏的特質，也就是如同七殺，有堅持的固執，並且個性很急，雖然表面看起來四平八穩，但是當命宮內天府獨坐，一樣要看對面宮位的星曜組合來分析這個王爺是怎樣的王爺。天府獨坐的時候，對面會有「紫微、七殺」、「廉貞、七殺」、「武曲、七殺」，因為對面宮位表示這個天府的內心，有三種不同的組合呈現，因此這三個天府會有不同的表現。

1.／天府對宮為紫微、七殺

「紫微、七殺」，因為內心是個帶了殺手、重視實權的皇帝，因此這一組的天府會是最重視事業跟能力展現的，也是最需要得到尊重與面子的一組，但是因為重視面子，就少了天府沉穩的特質，如果再遇到煞星中的擎羊、火星，可能會過於衝動，陀羅則是想太多裹足不前，就會破壞了這個好的組合，甚至會有自己懷才不遇的情況與心情出現，只有鈴星反而可以幫助自己。

2. 天府對宮為廉貞、七殺

「廉貞、七殺」，因為廉貞星被設計成外交官，對外展現人際拓展與魅力的星曜，因此這一組重視人際網絡的開展，以及在事業上面的關係，並且相當重視原則，但是不求得到位高權重的光芒，而是希望在生活中展現魅力與創意。

3. 天府對宮為武曲、七殺

「武曲、七殺」因為武曲星的務實、耿直態度，影響天府星的價值，一樣追求權力範圍，一樣希望在人生中擁有小小天下，但是相對於紫微、七殺般用尊榮帝位來展現，相對於廉貞、七殺期待在自己規範下創造吸引人的生活魅力，不求最高位當老闆，但求人人稱羨、事事順心；武曲、七殺則是踏踏實實地想要建立自己的世界，小缺點是，會因武曲太務實、七殺太堅持，所以這一組相對來說人緣較差，並且是最固執的一組，所以這時候天府的化煞為用也會跟著能力變差，不能再遇到煞星，如果能加點桃花星，例如文曲，會好很多。

最後，天府星還有一個重要卻少被人注意的問題，紫微斗數中有所謂對星的觀念，兩兩一組稱為一對，天府星的對星就是天相星，天相被設定為宰相，所以是輔佐天府星的，這時宰相的好壞攸關王爺的生存。正所謂豬隊友比神對手更可怕，身為宰相的天相星一般來說算是還不錯，唯獨不能遇到煞忌（四化中，天相會化忌，而且天相也可能因為雙星組合時的另外一顆星化忌而受到影響，例如武曲天相的組合，武曲化忌了），遇到煞忌的宰相就像走上歪路，原本謹守規則的特質在這時候轉變成依照自己的想法跟情緒去設定，但是自己的想法不見得跟社會的想法與價值相同，就容易影響天府星，讓王爺需要辛苦地應付宰相惹出來的麻煩。

圖十三／
天府單星對宮組合

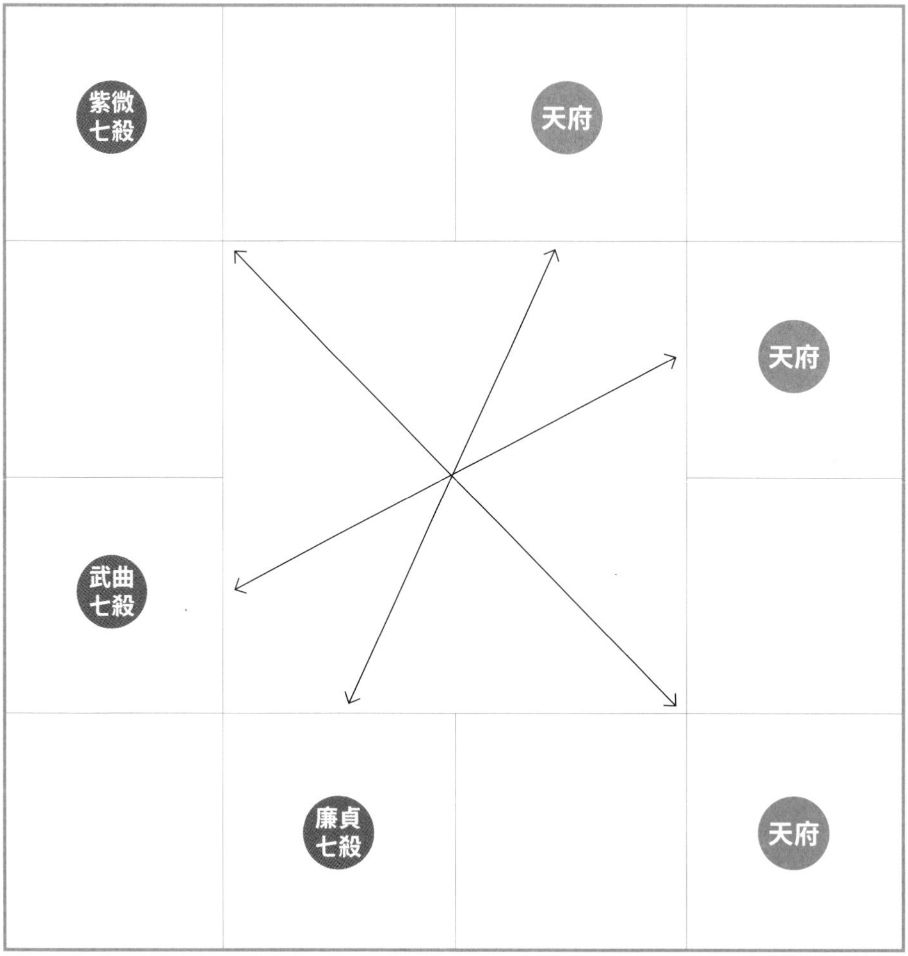

天府星在命宮小練習

哪個天府星的組合最容易創業？

解答／

天府對宮是紫微七殺。

三 ●○ 天機星

善良而多變，邏輯理性與不安並行

天機星化氣為善，屬陰木，「木」在傳統命理上有發展、發生，以及思考的意思。整個星曜的重點在於天機星重視邏輯思考，也會因為邏輯思考讓自己想到或找到新的方向、方法而隨時改變，所以化氣為善，其實有「善變」的意思。另外一個涵義則是「善良」，來自於天機星善於思考以及邏輯辯證，面對宇宙萬物會有一定的思辨能力，所以自身有著善良的個性，當然這所謂善良也是自己認定的價值。而且聰明的人往往有個小缺點，就是無法掩蓋聰明，有時候會因此人緣不佳，畢竟華人社會不喜歡人說話直來直往，因此天機星的人也常常覺得自己的內心無人理解。所以，天機星不適合遇到煞星，有煞星同宮的天機星會受到煞星特質的影響，容易把聰明發揮得淋漓盡致，難免容易有價值上的偏差；天機星也不適合遇到化忌，化忌是空缺的意思，天機星化忌表示覺得自己思慮不夠，而思慮不夠就會想東想西，反而容易犯了小聰明使用過頭的問題；如果遇到地空、地劫這兩顆星同宮，則可能讓原本具有的能力發揮不出來（地空、地劫星將收錄在下集解說，有專門篇幅介紹），而這個善變的星曜當然也就會深受同宮跟對宮的星曜影響。

天機星單獨在宮位內的時候，會有對面是太陰、巨門、天梁等三種組合，這三種組合各自影響這顆善良且不安的天機星。也就是說，天機星善於邏輯思考的特質會對應在對宮這三組不同星曜上。

1. 天機對宮為太陰

對面是太陰，可以說是天機星中人緣、異性桃花最好的組合，聰明具有邏輯的思慮，展現在太陰星照顧人體貼細膩上。但是，太陰星已經充滿了女性心思細膩的特質，再加上天機星，往往容易鑽牛角尖，所以剛好就好，不要好過了頭，尤其如果男生有這個組合，更容易顯得不符合一般人對男性的價值認知，會覺得不夠有責任跟擔當，也因此不適合再遇到煞星以及其他的桃花星曜，這都會讓這一組陷入太多情感上的思緒之中。

2./天機對宮為巨門

天機、巨門的這一組，巨門也算桃花星，因為巨門內心的黑暗與不安全感，所以這組需要注意的是太陽星的位置。如果太陽星在旺位，雖然巨門有著不安全感，但是這不安全感會促使巨門為了消除內心的不安，反而出現博學、多才華的表現，希望用學識來消除內心深層的自卑，這時候天機星的邏輯特質就會展現在這裡，所以這類的人通常口舌伶俐，說起話來十分有邏輯跟條理，並且學習快速；若是太陽在落陷位，則需要擔心因為巨門的不安全感帶來內心空虛，如果一樣將心力放在學習上，則也是很有能力的人。但是如果因為遇到煞星或桃花星，則可能一直受到感情的困擾。無論太陽在旺位或落陷位，因為巨門影響天機星，也會是最想追求心靈成長的一組，會想接觸學習宗教、靈魂等相關知識。

3./天機對宮為天梁

天機對面為天梁的這一組合，天梁被設定成庇護的星曜，如同守護神，善良的天機，其內心狀態是一個更加善良、覺得應該到處照顧人的天梁星，可以想見這個組合的天機星一定會屁股坐不住，想要到處跑。天機的聰明跟邏輯能力都發揮在想要幫助人方面，這大概也是天機組合裡相對桃花較少，而且比較不怕桃花影響感情的組合，不過有時候善心幫人也會幫出感情，那就是因為有煞星進來增加了衝動。

另外，天機星還有下列三個組合，三組的對宮都是空宮，所以可以把星曜借來，可以說是表裡如一，除非在裡面遇到文昌、文曲跟四煞。

圖十四／
天機星組合

巳 天機	午 天機	未 天梁	申
辰 天機 天梁			酉
卯 天機 巨門			戌
寅 天機 太陰	丑 天機	子 巨門	亥 太陰

4./天機、太陰同宮

前面提到，天機的對面是太陰時，因為受到太陰影響，聰明才智都用在那個內心柔情似水，但是又容易胡思亂想，充滿女性特質的太陰上，但是因為是分別在兩個宮位，所以天機的理性依然存在。如果在同宮，天機跟太陰放在一起呢？太陰的柔情細膩特質會大幅度影響天機星，讓天機原本的理性跟邏輯，偏向鑽牛角尖（命理上各類形容其實都是那個命盤的人自認為的事，所謂理性往往是當事人覺得自己理性），太陰好享樂、囉嗦，表面和善、內心喜歡掌控一切的個性影響著天機的個性。這個星曜組合對宮是空宮，所以會把主星借過來，因而表裡如一，這樣的感性特質，讓這一組天機星再加上桃花星，在感情上反而失去了天機的思考能力。如果對面空宮遇到文曲，那可就浪漫爆表。雖然看起來只是溫柔待人，卻容易對身邊所有異性都溫柔；如果是文昌，則容易讓自己在內心有個風紀小股長，想要又不敢展現能力；如果是陀羅，則會更加強內心情感的糾結；火星跟擎羊雖然有衝動特質，但是有時候反而會好點，雖然也很情緒化，至少來得快去得也快；若是鈴星，則聰明穩定許多，畢竟鈴星是個很有計畫、謀略的星曜，就算要柔情似水、到處氾濫，也會控制好出水量。

5.／天機、巨門同宮

巨門的特質是跟它同宮的星曜，都會被巨門這個黑暗王子給吞噬，除了太陽星以外。因此，巨門跟天機放在一起，相當程度地控制了天機星善變的情況，就像聰明善變的天機被關在黑房子裡，這讓天機星可以專注於研究，所以這個組合的人在專業技術、學業上可以說相當有成就，只要不要遇到奇怪的煞星。

如果遇到如陀羅、火星這種糾結或爆衝的星曜，別說無法把主星借到對宮以增加能力，就算是這些煞星跟天機巨門同宮，讓天機巨門可以借到對宮，一樣會因為太過糾結或個性急躁，反而影響了天機在暗黑房子內冷靜思考的能力；如果是鈴星則相當不錯，可以更加凸顯天機、巨門的思考能力；擎羊則讓天機、巨門有動力，不會只想關在屋子裡；至於文昌、文曲，其實都可以算是增加能力，只是除了擎羊之外，無論哪個組合，天機、巨門都會有活在自己世界裡的孤單感，雖然他們可能怡然自得，不覺得自己孤單。

6.／天機、天梁同宮

這個組合在古書上是赫赫有名的懶惰鬼，所謂「天機、天梁善談兵」，就是說這個組合的人擅長嘴砲，說的時候能言善道，做的時候是什麼都不知道。其實這是因為天機、天梁兩顆星，一個邏輯好、一個博學，所以當博學人幫助邏輯好的人時，自然而然容易考慮許多，當他考慮完，事情也都不用做了，這是這個組合最被人詬病的問題。但是如果知道原因，就可以明白這個組合絕對是最好的幕僚與公司高階主管人才，因為他聰明、有能力、博學而且沒有鬥爭心（他考慮完要怎麼鬥爭的時候，鬥爭已經結束了）。不過，如果對面宮位是文曲，可能就會花太多時間思考和思慮，無法集中精神；遇文昌星則容易有太多自我的規矩，更加造成這個星曜的動力不足；當然陀羅星也就同樣會有這種問題，但是通常有陀羅跟鈴星，因為夠專注，所以在專業上會有不錯的成就；火星跟擎羊基本上可以改善缺乏鬥爭心的情況，人生中總會有想要奮力一搏、賭一下的時期出現，成不成功就看運限是否有好的安排了。

天機星在命宮小練習

遇到出差機會，在相同的情況下，哪一組天機星最不願意去？

解答／

天機、巨門這個組合，這個組合希望一切照自己的計畫不要變動。

四 太陽星——一切按照我的規則走，至高無上的星曜

太陽被設定成天上最亮的一顆星，也是整個命盤光明跟能量的來源，所以許多說法都相當重視太陽星是否有足夠的亮度。但是就如前文說的，命理學或者說華人玄學的理論都在討論平衡的觀念，過旺也是不好的，所以不能單看一個點，必須整體性思考跟理解。而太陽被設計成一個普照大地的星曜，就如同華人社會中的父親角色，基本上是父權社會的影射跟縮影，所以太陽除了代表父親，對女性來說，也代表老公跟兒子，所以，太陽在命宮的女性通常會被說成是剋父、剋夫或剋子，傳統的觀念當然是相當嚴重。以現代角度來說，因為太陽在命宮的女性，會覺得自己像個普照大地的太陽，萬物都要依照光芒而生，所以希望一切規定照著自己的意念，這樣的態度當然會讓男人感到壓力，所以會有所謂剋父、剋夫或剋子的說法。

然而，這個說法在現今年代已經不太適用，畢竟社會環境不同，男、女性對於自身價值認定與角色扮演已經不再那麼刻板、固定，所以現在只能說太陽坐命的人就是會想制定一切的規則，這源自於太陽化氣為貴的中心價值，在群體中有足夠的地位是他所追求的，在正常情況下，庇蔭照顧大家也是他的目標，只是庇蔭照顧的背後往往也代表了強勢跟固執。

那麼，太陽的化氣為貴，與紫微的化氣為尊想當皇帝又有何不同呢？（因為古書的記載版本不同，有時候這兩顆星會是相反的或是相同的）皇帝當然也希望可以是群體的領頭者，但是他跟太陽的差異在於太陽還多了庇蔭的特質，本質上是照顧人的，所以太陽化氣為貴，說的是地位，紫微則還需要有眾人的崇敬吹捧，這是兩者最大的不同。因此，太陽的基本重點是希望可以領導大家，照顧眾人，並且重視自己的地位。

原則上，太陽希望在旺位（見圖十五下圖），否則會心有餘而力不足。落陷位的太陽，如果再遇到三方四正中有化祿、化權跟化科，本來不錯的祿、權、科，反而會因為自己追求這樣的能力，但能力又不夠，結果變成硬撐場面。因此太陽星也會有所謂「喜照、不喜坐」的潛規則，也就是說適合在遷移宮、不適合在命宮，沒必要自己當太陽做得那麼辛苦，有適合的機會當然很好，如果沒有反而做白工，照顧人卻得到一堆抱怨。而這麼重視地位的太陽，如果能夠遇到兩個代表地位的小星曜「三台、八座」，可以增加太陽提升地位的能力，這麼想要制定一切規則的人再加上文昌，當然也可以幫忙他做事更有思慮，若能再加上化祿或祿存，也可以減少有時候太強勢而惹人不開心的問題，當然依照這樣的原理加上桃花星當然也是不錯的。

太陽會有三種對宮星曜組合，對面分別是太陰、天梁或巨門。另外，還有兩組雙星的組合：「太陽、太陰」、「太陽、天梁」。以下分別說明之。

1. 太陽對宮為太陰

太陽對面是太陰者，因為太陰具備母性的光輝，女性的特質，可以算是不錯的組合，同時具備太陽、太陰的特質，不用擔心因為太單方面的陽剛特質而造成自己過於強勢，而且多了許多女性細膩的心思，以及桃花的特質，人緣通常不錯，唯獨因為同時具備兩者，所以有時候內心與現實的想法反覆，也因為同時具備兩者，會對自己的價值相當堅持。

2.╱太陽對宮為天梁

太陽對面是天梁者，深受天梁這個善心老人的影響。這個組合的太陽可能在命盤上「午」或「子」的位置。在午位的太陽，日正當中，無論對自己的生命或身邊的人，絕對是盡一切努力、鞠躬盡瘁。太陽在子位，是半夜的太陽，光芒銳減但是善心依舊。如果是女生太陽在午位，會讓身邊的男人感到很有壓力，而且因為一切都要她來照顧，所以容易成為女強人；在子位時，當然就會是很好的賢內助。若是男生，在午位是顧家的好男人，但可能是大男人；在子位則是暖男。

3.╱太陽對宮為巨門

太陽對面是巨門，如果太陽在旺位，巨門內心的不安全感會被一掃而空，並且展現巨門博學且能言善道的風采，可以說是傳統對於才學風華男人的最佳寫照。如果是落陷的位置，則風采依舊，且增加了溫柔暖男的特質，但是有不願意努力奮鬥的小問題，因為心有餘而力不足。女性在這個位置，則旺位是女強人，但也因為過於強勢，所以需要注意感情問題。在落陷位則是一個賢內助，但是通常容易變成二老婆或小三，因為這樣的人相當吸引有能力的男人，她自身也重視男人的能力，並且既然是規則制定者，當然另一個意義就是不會遵守一般社會規則，因為法律跟所謂道德規範在她心中只是自己的認知問題。

4.／太陽、太陰同宮

太陽、太陰同宮，最明顯的是會同時具備兩種特質，跟太陽在命宮、太陰在遷移宮的差異在於：太陽在命宮、太陰在遷移宮者，基本上還是呈現太陽的特質，只是內心具備了太陰的溫柔細膩，以及在外展現了比較好的桃花（遷移宮也具備在外的表現）。而太陽、太陰同宮，則是同時具備太陽、太陰的特質，一下太陽、一下太陰，所以常陰晴不定、難以捉摸。這個陰晴不定的變化組合，命盤上會在兩個地方出現，一個是太陽算是旺位的「未」，一個是太陽落陷的「丑」。太陽、太陰同宮的時候，基本上對面是空宮，可以借星曜，所以當太陽在丑位落陷時，其實在遷移宮的太陽是旺位的，這表示他內心希望自己是個旺位的太陽並且很有能力，所以會盡可能展現自己的樣態，可是因為命宮太陽是落陷的，會受太陰的牽制，真正面對問題的時候，常常出現舉棋不定，甚至反悔承諾的情況。如果空宮內加上煞星跟昌、曲，更是加強了自身性格上的反覆不定，而這個位置昌、曲會在同一個宮位內，

圖十五／

太陽星組合與旺位落陷圖

巳 太陽	午 太陽	未 太陽 太陰	申
辰 太陽			酉
卯 太陽 天梁			戌 太陰
寅 巨門 太陽	丑	子 天梁	亥 巨門

旺位	旺位	旺位	申位 落陷
旺位			落陷
旺位			落陷
旺位 寅位	落陷	落陷	落陷

所以理性跟感性同時兼備也同時作亂，太陽、太陰、文昌、文曲都可能出現化忌，如果因為運限的影響同時匯集，精神與心靈更是會有許多的掙扎跟抉擇，因此這個組合比較適合女生，畢竟女生在社會上的認知本來就比較陰晴不定，所以大家比較願意接受跟忍受。若是在未位的太陽、太陰，太陽強盛，雖然一樣會陰晴不定，但是這時候太陰星的影響就比較隱性，類似於太陽在命宮、太陰在遷移的情況，不過一樣要注意對面宮位是否有煞星跟昌、曲。

5.／太陽、天梁同宮

原則上，太陽因為希望一切可以照自己的規則運行，所以雖然出發點是照顧人，但總會有些讓人不開心的地方。在華人社會中，這樣的狀況不適合女性，所以一旦女生的命宮有太陽，都會覺得比較辛苦（其實能力通常都不錯，這不是個女人當自強的世界嗎？觀念改變後也沒什麼不好），因此才有女生命宮太陽坐落陷位比較好的說法（見圖十五下圖）。

其實太陽有個組合無論是旺位或落陷位，對女生來說都算不錯，那就是太陽、天梁這一組，因為受到天梁善良老人的影響，太陽就算在旺位，也不至於太過強勢，總是貼心地為別人著想；至於落陷位那一組，更是任勞任怨地付出。這個組合的對面宮位也是空宮，可以將主星借過去，若遇文昌、文曲，雖然不能借，但因為文昌、文曲本身都會增加太陽的桃花（文曲）人緣，以及對人生豐富想法，或者思慮（文昌）的能力，所以都算是不錯的組合。至於四煞出現，鈴星可以增加冷靜的思考，保護自己不會亂助人；陀羅當然就弱勢一點，會總是對人生有無力感；遇火星與擎羊就要注意個性是否太衝動，而讓天梁星本來就待改善的強勢問題又再度增加。基本上，這個組合算是太陽星組合裡，整體評估相當不錯的。

太陽星在命宮小練習

在不考慮煞、忌的情況下，哪個太陽星的女生最馭夫有術，但是又不至於讓老公感到痛苦？

解答／落陷的太陽星或太陽、天梁同宮，因為落陷的太陽比較不那麼強勢，太陽、天梁則因為有天梁在旁邊，基本上和老公、小孩相處時，較能容忍彼此的問題跟溝通。

五 太陰星 美麗優雅但是讓人不敢造次的媽媽

太陰也就是月亮，跟太陽在紫微斗數裡是一對的，和天府與天相是一組對星是相同概念，所以看到太陰的時候，要看看太陽的狀況，因為月亮的光影是跟隨太陽而來。月亮相對於太陽，代表女性的價值，是對女人的看法與認知，也可以引申為女人所代表的家庭。太陰屬陰水，也是桃花星，化氣為富。如果太陽是男人意象、代表男人重視社會中的地位，太陰就有如女性為家庭守財、聚集財富的概念。當然傳統上也會如同太陽有剋父的概念，太陰同樣也有剋母的意義，但其實只是因為個性而容易在家中跟母親爭主導權，所以會有所謂刑剋問題，現代已經沒有這樣的問題了。

關於太陰，我們可以將所有女性的特質都放在上面，溫柔細膩、容易鑽牛角尖、喜歡享受生活、浪漫多情，甚至愛吃醋的個性以及動作慢，都是太陰星的特質。但是除此之外，一般人通常忽略了它的起源是母星，主要代表了媽媽的概念，所以，母性的庇蔭性格，以及相對於很直接明顯的父權個性，母性有著潛在而溫和的堅持，雖然不直接說但會有不放棄改變你的情況，因此，跟太陽星一樣，其實都不適合出現化權，否則會有個性太過固執，甚至會有碎念、囉嗦的表現。

太陰星也會被當成屬於房屋的星曜，其實這是因為媽媽有「家」的涵義，也有聚集財富的概念（傳統上都是媽媽掌管財務、累積存錢），而所謂太陰星所代表的房屋真正概念，不是房子，其實是代表家，也就是一個可以住的地方、可以照顧家人安身立命的地方，聚集財富的目的也在此。在這個年代，家並不能單純用房子來看待，而是所有可以穩定聚集財富的理財工具都算，這也是太陰並不代表土地的原因，買房子來聚財如果代表太陰，那麼房子背後持有的土地呢？為何不代表房子？而且只有華人圈會那麼買賣房子，換一個國家例如日本，買房子可能反而會賠錢，恐怕就失去太陰聚集財富的意義，所以要回歸到原始的涵義去了解。

生為一個柔情似水的太陰星，特質一定是思慮細膩，但細膩過頭就會鑽牛角尖，也會有跟常人不同的想法，所以太陰星有幾個是特別有趣的組合，例如太陰加上火星或鈴星，在同一個宮位時，可以稱為十惡格，但是這並非十惡不赦的意思，而是因為古人對於無法理解的事情都稱為不好。所謂十惡格，是因為太陰像水一樣的思考方式與個性，正如兵無常勢水無常形，本來就已經難以捉摸，再加上鈴星的冷靜計算特質，或者加上火星來得快去得快，如烈火燒起或熄滅的飄忽不定，當然會使有這個組合的人更加讓人難以理解，但是這個組合的人卻是很清楚自己的想法，例如我們覺得一個人不上班不對，他可能覺得那是為了實踐夢想而休息。

太陰星本身因為是桃花星，所以也不適合再遇到其他桃花星，否則感情就會太過豐富。不過古書上有個特別的組合是專業命理師的格局，所謂太陰加文曲，九流術士格。這裡的九流並非很差的意思，而是古人覺得陰陽家是九流十家中的第九個。但為何一個感情豐富的太陰加上文曲，是最好的命理家格局之一呢？其實身為幫助人的命理師，如果沒有足夠的細膩心思跟豐富的感情，如何能夠透徹人心呢？

太陰星有許多被傳誦的格局，但是格局就像一個好背、好記的基本架構，如同在臺北的人最好的格局是「命帶停車格」，格局的組成剛開始好像背起來有模有樣，久了卻是思考僵化的開始。因此，在這本書我們會盡量少提，而在太陰的各類組合上，可以注意太陽的位置，太陽隨著時間愈來愈沒力量的時候，其實太陰也較

圖十六／

太陰的各種組合與旺弱

巳 落陷 天機	午 落陷	未 落陷 太陽 太陰	申 旺位
辰 落陷 太陽			酉 旺位 太陰
卯 落陷 天同			戌 旺位 太陰
寅 落陷 天機 太陰	丑 旺位	子 旺位 太陰 天同	亥 旺位 太陰

容易偏向感性層面，太陽比較旺的時候，則太陰星會偏向庇蔭跟母親的層面。

太陰在命宮的時候，對宮會有天機、天同、太陽這幾種可能，如此心思如流水細細蔓延，也可能變成洪水的太陰星，在遇到各個組合的時候，就會大大受對宮星曜影響。

1.／太陰對宮為天機

對面是天機時，太陰星會在心中對各種事情有許多盤算，如果再加上有煞、忌出現，可能就會變成心機與計算過多。

2.／太陰對宮為天同

對面是天同，因為天同的赤子之心、單純善良，除了因為桃花太多，感情上因為不好意思拒絕人，所以常常會有情感問題以外，基本上是個有福氣有人緣且聰明討喜的人（天同有聰明好學的意思），算是太陰單獨在宮位內的好組合，當然這樣的組合也不適合再放桃花星，一個善良聰明、外型好、人緣佳的人，桃花若又很旺，一看就知道很麻煩，太陰的庇蔭跟照顧人往往會讓感情太複雜。

3. 太陰對宮為太陽

對面是太陽的這一組，本身是太陰的個性卻在外展現太陽的特質，就女性而言，通常很有機會成為女強人，因為太陽、太陰在對面，有因為日月顛倒跑來跑去的概念，所以本來就比較願意為了事業奔波，再加上聰明、人緣好，而且通常外型也不錯（日月都有眼睛的意義，所以太陽、太陰的人通常眼睛都是靈活有神且黑白分明，當然也就會有不錯的外型），當然就容易有成就了。

太陰星因為是女性的代表，所以相較太陽星不適合女生來說，太陰星也被認為不適合男生，因為社會價值上，女性的細膩跟小心機，在男人身上就會變成小氣沒擔當跟算計過度，這一點除了因為社會上對於男女的評價不同之外，應該還有男、女性在社會上能夠擔任的角色不同。而男生是太陰，除了擁有女性的特質之外，比較不能夠呈現媽媽庇蔭、保護的特質。母親在某個層面上算是擁有承擔責任、保護家人的特質，在女生身上也較容易展現，因此太陰的男性通常容易沒擔當、好享樂，女性雖然也好享樂，但是相對常帶著一點義氣、俠氣。

太陰的雙星組合有「太陰、天同」、「太陽、太陰」、「天機、太陰」。（因為「太陽、太陰」和「天機、太陰」，一組是以太陽為主、一組以天機為主，所以以下我們介紹「太陰、天同」。

4. 太陰、天同同宮

古書上對這個組合大肆批評，因此大概所有這個組合的女性都不敢去算命。事實上，太陰、天同會在子位同宮，如果是男性，會被說成是很好的清官，但是女性卻變成小三；如果是在午位的太陰、天同更慘，不只是小三，還周旋在眾男人身邊，利用身體換取利益。究竟為何會被如此形容呢？其實是因為太陰受到天同單純善良的影響，善良不競爭的特質，好學且細心、好人緣的表現，讓這個位置的男人被形容成清官；但是對女性來說，擁有這個特質再加上滿滿的桃花，很容易在情感上淪陷，不強求、善良的個性當然就成了在感情中成為第三者的特質。至於為何在午位的太陰、天同會被形容成如此不堪的女人，則是因為那個位置的太陰星一定在落陷位，太陰星失去光芒，連基本守護家庭的媽媽個性都沒了，加上本身具備的條件，所以在情感上就會較為浪漫、開放，這些在古代都是很嚴重的題，在現代其實許多女性在追求情感的路上都是如此，一旦排除感情的問題，這個組合的女性其實能力都不錯，也很聰明。

這個組合的對宮也是空宮，所以需要注意對宮有什麼星曜，若是文曲，則桃花爆棚，而且感情細膩，一輩子大概很難擺脱與異性的牽扯；若是文昌則比較節制；若是陀羅，本來天同星帶來的天真、善良、福氣，會因為自己的想不開、鑽牛角尖而受到影響；擎羊則是個性上變得比較強悍且固執，同樣是傷害了天同原本善良不爭的特質；至於火星跟鈴星，雖然不是同宮形成十惡格，但是火星容易讓人個性衝動而情緒爆衝，這個最佳小三可能不如自己預期的那麼好商量；鈴星的深謀遠慮更是讓這個組合的人，將太陰的細膩特質發揮到極致，如果放在工作上，會有相當好的事業發展（仔細想想太陰、天同的特質，有人緣、有福氣、外型好、夠懶惰，懶惰才能努力發展組織，因為較省時、省力，實在是當老闆最好的組合）。

太陰在命宮小練習

哪個太陰星的男生最適合創業？

解答／

太陰、天同同宮在「子」，這個組合的太陰財、福都具備，有人緣、有桃花，而且太陰、天同都會化權，都有希望掌握自己人生的機會。

為何不是太陰對面天同呢？因為此時的太陰星太過孩子氣，較沒有動力，好於享樂，女性在這個位置會因為社會價值的關係，遇到化權有機會創業，男性則會相對安逸。

六 ●○ 貪狼星 慾望之星

貪狼星大概是紫微斗數中，除了紫微星最為人知的。貪狼被譬為大桃花星，其實是源自貪狼如狼一般的慾望、貪戀各項事物，並且化氣為桃花，也因為這樣的解釋，使貪狼一直讓初學者淪陷在各類對於貪狼的桃花形容之中。其實化氣為桃花，說的是桃花的原始涵義。在命理上，桃花原始的涵義是發生、生長與發展，並且在這裡被引申為慾望的展現，如果因此一直把貪狼放在桃花這個情色概念裡，可就辜負它了。事實上每隻狼都不太一樣，如同前面提到的，每個星曜其實都要看對面宮位的星曜是什麼，才能看出這個星曜的真心、本質。

1. 貪狼對宮為武曲

如果貪狼的對面是武曲，這個人雖然命宮是貪狼，但是貪狼的慾望跟桃花，受到武曲的影響，其實是個相當務實的貪狼，因為武曲被設定為剛毅務實的星曜，所以這隻狼的慾望會受到內心務實層面影響，想做什麼時，會思量著可能不划算，也就作罷了，可以說是一隻乖得像哈士奇的狼，這也是為何這個組合會被稱為「百工之人」，雖然有許多慾望，也很博學，但是會希望所學的東西要務實、有用，所以通常就會是研究專精各類型的技術。

2. 貪狼對宮為廉貞

如果對面宮位是廉貞星呢？廉貞是一個磁場強大的公關外交星，這樣的龐大磁場在貪狼的外面，人際關係的擴張，展現磁場能量的內心乞求，當然就會引發貪狼的慾望，讓每個人都跟自己很好、每個人都受到自己磁場影響是這隻狼的特質，所以這個組合的貪狼都會被形容成是最有魅力、最美麗迷人的貪狼。當然這是在正常的基本星曜情況下，偶爾也會有些狼因為受到其他星曜的干擾不那麼漂亮，但是通常魅力依舊。同樣的，貪狼的博學會建立在增加人際魅力，以及更懂得了解人，因此這個組合的人通常外型迷人，除非如同古書所說，貪狼在遇到與祿存星同宮時，會在五官外型上相對失色，稱為「息鎮」，看了慾火都熄滅了，然而因為內在而一樣地吸引人。

3. 貪狼對宮為紫微

貪狼還有可能遇上對面是紫微的組合。紫微化氣為尊，尊貴是紫微的中心價值，雖然不一定是真正尊貴的皇帝，但態度上一定是這樣，因此這隻狼的慾望就會來自於希望受到尊貴的對待，貪狼在這時就會呈現比較嬌貴的狀態，希望自己可以是人生勝利組、可以是被尊重的。因此，我們可以看到同樣的桃花，而呈現出來的慾望卻是在不同的地方。如果要追求一個貪狼的女生，對應貪狼對面的宮位不同，就需要給與不同的慾望滿足。對面是武曲的，需要很務實地給與關心跟未來；對面是廉貞的，要展現出自己的能力，跟可以滿足各類在人際上、事業上、心情上的不同需求；而對面是紫微的貪狼，則需要給與萬般的尊榮以及浮誇的浪漫。因為這些特質可能就是各類貪狼星在內心深處追求的生命價值，是慾望實現的所在。

所以當我們看到貪狼的解釋，其實不能套用在雙星組合上，因為貪狼的雙星組合，貪狼都在輔助角色，而一般對貪狼的解釋，也通常都是說放在命宮上面的情況，這時我們就要切記，必須注意對宮內心的想法，才能對應在命宮裡展露出來的狀態。無論是對貪狼的慾望追求、貪狼的桃花展現、貪狼的解厄能力（貪狼與人為善，所以會有在群體裡得人緣的能力，因此通常可以解決一些問題），也都必須依照貪狼對面宮位所在的星曜去解釋，例如同樣是貪狼，對面是武曲的跟紫微的，在人際上就不像廉貞那麼願意妥協。

最後，貪狼通常也被稱為宗教星，這源自於貪狼是個慾望之星，在尋求各類慾望的過程中，最後總會回歸到自己身上，了解自己的前世今生、了解自己此生的任務與災難的來源，這是宗教能為我們所做的解答。貪狼當然也會走向這樣的思索人生，除此之外，貪狼還會跟紫微、武曲、廉貞同宮組合，但是因為這些組合中，貪狼都擔任輔助角色，所以就不在此細談，待其他星曜的章節再論。

圖十七／
殺破狼位置

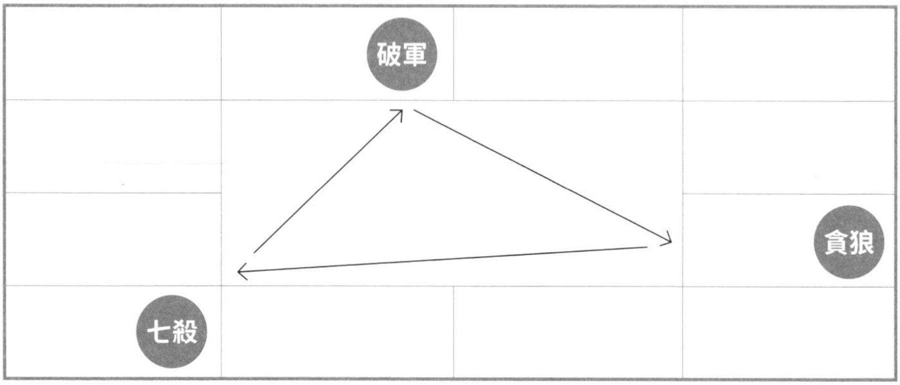

貪狼在命宮小練習

以下哪一組貪狼最希望可以創業？

A. 官祿宮七殺
B. 官祿宮紫微、七殺
C. 官祿宮廉貞、七殺

解答／

B。官祿宮紫微、七殺，人生態度是紫微、七殺，當然會希望在工作上自己是個有實權的皇帝，相對較容易創業。

七 破軍星 打破枷鎖的偉大夢想家

所謂「勇士通常都會變成烈士，沒變成烈士才可能成為勇士」，這句話最好的代表就是破軍星。傳統的看法都將破軍設定成一個大將軍，大將軍開疆闢土，當然需要具備遠大的夢想來支持，但通常一將功成萬骨枯，成功的背後會有許多犧牲，可想而知，沒有萬骨來枯就很難功成了，所以沒有足夠的能力犧牲，當然也就沒有夢想的完成。因此，破軍有「化氣為耗」的基本中心價值，這是源自古人認為萬物需要有破壞才能重生的概念。破軍星的起源是中亞地區薩滿教的破壞之神，在古老觀念中，需要有所破壞，才會有建設。以環境來說，上古游牧民族需要以火焚燒枯草作為養分，造就之後繁茂的豐盛草原；文明社會中需要打破舊有建設與制度，才能建立新的環境跟更好的制度，這是破軍星原始的涵義。因此，破軍的破耗重點在於「大破大立」。在命盤中，這是一個給與我們大破規範、創立新生命的一顆星，只是傳統的華人觀念是愈保守愈好（大家都大破大立，皇帝怎麼鞏固權力），所以對破軍的評價非常差，男的不忠不義、女的放蕩淫亂，但是很有趣的是，男的、女的都帥氣而美麗。雖然古人也無法擺脫男人不壞女人不愛的生活經驗，或者說勇於表現自己的人自然會散發迷人的魅力。

像破軍這麼一個敢作夢的星曜，要有人幫忙比較好。因此，紫微星那一套三方四正有團隊幫忙的概念，在破軍這裡也適用。破軍通常有夢想容易大於現實，無法了解夢想是豐滿的，但現實是骨感的問題，因此破軍的夢想要能成為理想，最好可以化權，能夠因為重視自己的夢想，反而穩定了星曜不受控制的特質。最重要的是，化氣為耗的破軍要看是否有足夠的萬骨可以枯，所以破軍的家世背景就顯得非常重要。有家族的支持，或是在運限中可以先有一筆資源，去支持自己在破軍時期追逐夢想，這都是判別破軍星好壞的考量點。有足夠的條件就不用怕破耗，反而可以利用比別人敢拚的精神而有所成就，這樣的個性跟特質使得破軍成為大藝術家的專門戶，許多成名藝術家都是破軍在命宮跟官祿宮，因為只有這樣的個性能做出曠世驚人的好作品。

如同貪狼星，破軍星也有三個雙星組合，當然那是放在其他星曜裡討論。而破軍獨自在命宮時，對宮都是雙星組合，並且受到對宮的星曜影響，作夢的方式也有所不同。對宮分別有三組，「紫微天相、廉貞天相、武曲天相」，看到對面的各類組合都有天相（破軍對面一定是天相），可以想見這些雙星組合都受到天相的影響，也就是說，對於破軍的夢想，內心想法其實都是在一定的範圍內要有所控制，只是因為旁邊的主星不同，所以也會各有不同立場。

1. 破軍對宮為紫微、天相

紫微、天相的破軍，紫微皇帝的尊貴特質，會影響命主在追求夢想時容易偏向不切實際，因為尊榮浮華是內心的期盼，還好有天相控制著皇帝，只要天相不要遇到煞、忌，都還算不錯。

2. 破軍對宮為廉貞、天相

廉貞、天相這一組，則是古書裡很愛提到的「英星入廟格」，算是破軍星裡很好的一個格局，只要不要碰到煞、忌，破軍還有化權，基本上算是相當有能力，因為廉貞、天相不如紫微、天相那麼重視面子，廉貞更在乎人際關係、自己的創意是否得以發揮，以及工作人生上的成就滿足。

3.／破軍對宮為武曲、天相

最務實的破軍大概就是武曲、天相這一組了，但也因此成了相對最不被看好的一組，因為武曲的務實影響了破軍原本追求浪漫的特質。這種彼此衝突的概念，幾乎是所有命理學的問題，也是傳統命理學之所以常變成製造迷信工具的原因。如果回歸基本面，就知道武曲、天相相對一步一腳印的態度，其實讓破軍的夢想追求最為務實，只需要注意不要遇到煞、忌，否則在夢想追求的過程中，破軍最該注意的就是財務問題，但如果有足夠的財務支撐，這一組是最好的。而且本來破軍因為個性浪漫，通常不建議再加上桃花星，在武曲這一組則沒有那麼忌諱，多個文曲同宮，在這個浪漫與創意奔放的年代，反而會不錯。

總體來說，破軍星其實是一個浪漫且願意追逐夢想的星曜，只要把自己放在對的位置，找到好的時機，注意是否有足夠的資源，不要被浪漫沖昏了頭，其實並不用害怕，更別說破軍高比例地出俊男、美女了。

破軍星在命宮小練習

破軍星因為有偉大的夢想跟不顧一切、願意打破世俗的人生態度，所以是很多大藝術家的命宮或官祿宮主星，以下哪一組破軍在命宮最適合變成藝術家，往藝術方面發展？

A. 紫微、破軍
B. 武曲、破軍
C. 廉貞、破軍

解答／

通常會成為藝術家，還會加上文曲或文昌，以及有天魁、天鉞，加上化科，但是在沒有考慮其他條件下，應該是紫微、破軍這一組。因為紫微、破軍這一組的紫微，希望人生有尊榮跟品味，相較務實的武曲、破軍，跟重視人際關係的廉貞、破軍，就天分來說，紫微、破軍的特質優勢相對較多，但如果以商業操作以及目前藝術圈需要人脈來說，或許廉貞、破軍也適合。

八 ● 七殺星

堅持信念絕不放棄的勇者

七殺常常讓人跟破軍分不清楚，一部分的原因是「七殺、破軍、貪狼」會固定在三方四正中的三方，或者一般命理用詞稱為「三合」內（見一一八頁圖十七）。因此，七殺與破軍的某些個性特質會相當接近，再加上華人教育習慣簡化思考的問題，讓人分不清楚追逐夢想跟堅持信念有什麼不同。既然七殺、破軍會在三合內，當七殺在命宮時，破軍就會剛好在官祿宮，所以這個人在工作上追求夢想，加上個性會堅定地為自己努力不懈；而破軍在命宮時，七殺剛好在財帛宮，所以破軍追求夢想的時候，花起錢來根本跟殺手一樣，不手軟、不放棄，這兩種情況在外人看來根本是一樣的事情，所以常常讓人分不清楚。

圖十八／

七殺坐命宮、破軍坐官祿

圖十九／

破軍坐命宮、七殺坐財帛

七殺總是讓人覺得就是個不聽話、固執的人，這是因為我們容易用簡單的思路去面對一個人的表現，如果只看他在工作上的態度，就會感覺跟破軍很雷同，其實這中間是有差異的。我常用一個玩笑來訴說兩者的不同，失戀時，七殺可能選擇自殺，破軍則可能選擇殺人，這是因為七殺是對自我要求的星曜。七殺在命宮時，代表人生價值追求的官祿宮是破軍，所以期望自己會有豐富與精采的人生，並且堅持為了這個目標不斷努力，一旦失敗了，就會覺得是自己努力不夠。而破軍在命宮的人，官祿宮是貪狼，人生浪漫，追求的價值多樣化（貪狼），只是在追求時很敢拚（七殺），但是如果不愛了，馬上可以替換，反正夢想很多，人生價值也不會只有一種。這是七殺跟破軍看似相同其實大不同的原因。

所以，七殺的重點在於堅持的態度，這也是他被形容為殺手，或者有些書上說他是上將之星的原因。在古代，所謂上將之星就是皇帝身邊的守護部隊，不用開疆闢土，而是忠心守護在皇帝身邊。這樣一個對事情堅持不放棄的星曜，在古代當然也不會太受歡迎，因為很容易就變成不聽話的孩子，所以一樣有諸多批評，例如破軍、七殺逢二宮，男的淫亂、女的更淫亂之類。二宮說的是命宮跟身宮，也就是這兩個星曜分別在命宮跟身宮時，感情上就很混亂，其實只是因為同時具備了兩個星曜的特質，這個人一定不受一般世俗禮教的限制，所以古人就不喜歡，才會有這樣的說法。

而七殺化氣為殺，這個「殺」字，說的是七殺的堅持跟魄力，很像臺灣人說的一個人做事很有「殺氣」，指的是魄力（臺語保留許多古漢字發音，所以用臺語可以更加貼近古人想法，理解更多古書的解釋）。當然這樣的魄力若用在不對的地方，就會讓人不舒服，也會為自己帶來許多災難，但這通常都是因為七殺的個性造成。

要了解七殺星的深層個性，要從對宮來看，七殺的單星對宮組合有下列三種：「紫微、天府」、「廉貞、天府」、「武曲、天府」。因為七殺的對面一定是天府星，所以三個組合都具備了天府的價值，也就是會希望擁有自己的一片天，一個自己可以控制的小小王國，只是跟著雙星的主星不同，所要的王國會呈現不同的價值。

圖二十／
七殺單星三種組合

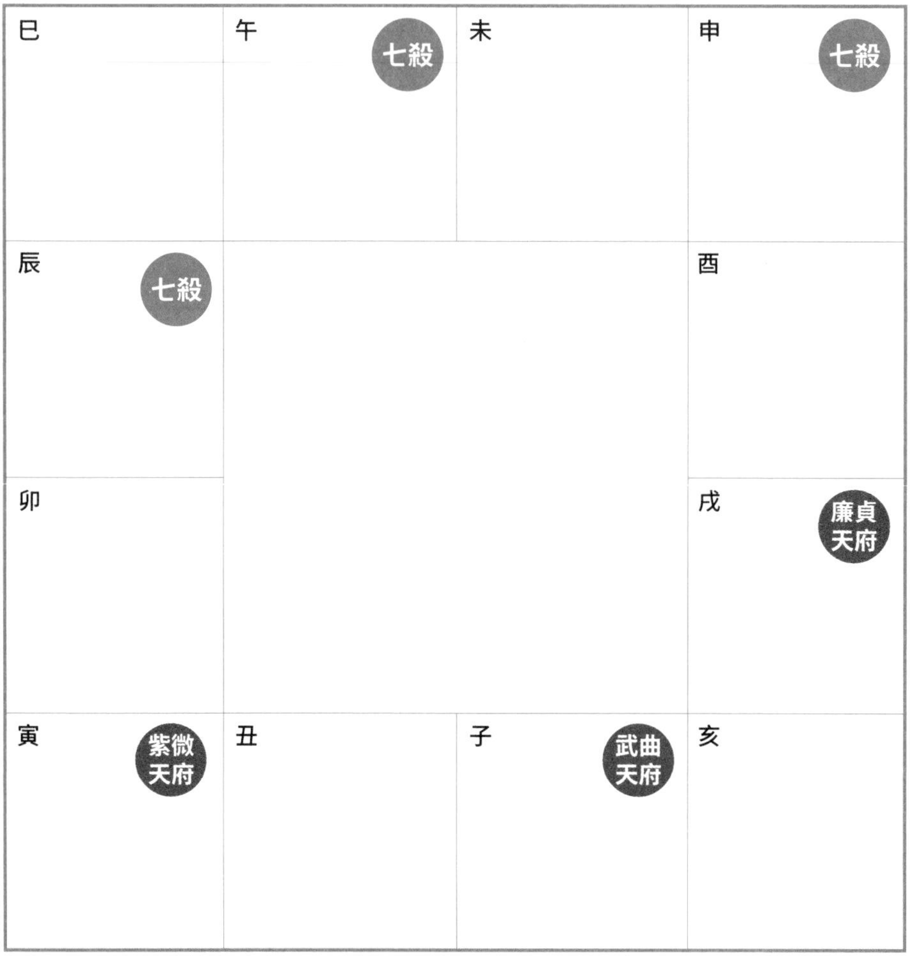

1.七殺對宮為紫微、天府

以紫微、天府這一組來說，這是最著名的七殺好格局「七殺朝斗格」（或者俯斗格，看所在的位置），因為對宮是紫微、天府這兩顆帝星，所以人生的成就跟價值的呈現，會希望自己可以受眾人景仰，依照社會價值來說，通常就會呈現在事業上，在乎有一個受人景仰的事業成就，所以這個組合創業的機率相當高，因為只有自己當老闆才會是絕對的制高點。當然這要看他所處的社會價值觀在哪一方面，例如如果這個人從小出家，那麼他的目標可能就是當教主，事實上很多名山大寺的開創者都是這個組合（據說玄奘大法師就是這個格局），因為只有對夢想夠堅持的人才能突破萬難。

2.七殺對宮為廉貞、天府

廉貞、天府這一組，因為廉貞星的價值在於創意跟魅力的展現，人生豐富跟生活自在的追求，所以這一組不見得會創業，但是希望為自己找到一個可以自在生活，並且讓大家羨慕跟嚮往的方式，活得不受拘束，因此可以有個公司高位坐、可以發揮長才，就會很開心。並且因為天府在旁邊，所以不會作白日夢，當然這不是說在適當的運限有機會出現，他也不會創業，而是相對於紫微、天府，他不會將創業作為首要考量。

3. 七殺對宮為武曲、天府

武曲、天府這一組，武曲星是務實的星曜，天府雖然也務實，但是比武曲星有計畫跟謀略，所以這個組合的人，認為人生的價值就是努力奮鬥，而且願意努力吃苦，可以追求穩定踏實的自我價值呈現，不需要別人羨慕的眼光。如廉貞、天府，也不用別人景仰的崇敬，如紫微、天府，這是絕對自我、只跟自己比較的態度，所以這類的人當然有機會創業，甚至機會比廉貞、天府還高，因為他只要小小的生意，一樣是他對自己的價值呈現（武曲很務實），但是如果身處一個好的環境，他也願意當一個小螺絲釘，端看運限是否給與足夠的機會跟動力了。

七殺在命宮小練習

如果婚後又遇到人生的真愛並且已將外遇的時候，哪一組七殺會選擇拋夫棄子？

A. 七殺對宮紫微、天府
B. 七殺對宮廉貞、天府
C. 七殺對宮武曲、天府

解答／

B。廉貞、天府。因為紫微較重視面子，武曲、天府則會務實地考量現實情況，只有廉貞、天府的B組，會因為廉貞的不穩定特質，相對容易出現這樣的狀況。

九・廉貞星

囚禁的心更展現奔放的魅力

廉貞跟天相一樣，都是在斗數裡讓人比較難以捉摸的星曜，在古書的解釋中，通篇彼此矛盾跟衝突，原因在於廉貞星「化氣為囚」，有囚禁的意思，但是古書上，甚至許多現今老師的解釋，又將廉貞星形容成一個非常外放的星曜，例如廉貞、破軍同宮則魅力四射，廉貞、七殺被形容成路邊埋屍，或是可以威震邊關。聽起來廉貞星就是一個活力四射且無法控制的星曜，甚至感覺很像七殺、破軍，更別說有所謂「財與囚仇」。廉貞星放在財帛宮，一生財運都被囚禁、財運不開。到底何時是囚禁、何時是外放呢？

其實，這是對於化氣為囚這句話的解釋問題，就像天機星化氣為善，其中包含了善良跟善變的意思；太陰星化氣為富，是期望家庭富足享受的意思。各類星曜的化氣，讓我們容易就字面解釋而產生望文生義的錯誤，我們必須回歸原始涵義。化氣為囚，這個「囚」其實代表自我的禁箍、自我的節制，但是在斗數的設定中，任何星曜都是中性的，沒有所謂好壞，只有性質，如同快慢、高低、黑白，只是一個性質，不設定好壞，好壞會依照各時代中個人的認知有所不同，有的人覺得有事業很好，有的人卻覺得忙於事業疏忽家人不好，如果我們自我認知「囚」是不好的、覺得「忌」是不好的，我們就會失去理性判斷的能力。

對於廉貞星，在紫微斗數中的設定是拓展人際跟生活圈的外交官概念，外交官很重要的就是對於節操的要求，這個「囚」字，其實是廉貞星廉潔貞操的內涵，因為一個外交官需要可以非常靈活且快速判斷時機，並且做出對國家最好的選擇，以及應對許多國際局勢的變化，又不能做出對國家不利的事，所以對自身有很高的要求，很嚴格自我控制的人，這就是「囚」的真正涵義。對於自己慾望的控制，因為這個中心價值，才會衍生出許多書籍的解釋，包含古書在內，都是非常衝突的。

所以只要了解化氣為囚的真正意義，再來看廉貞星在紫微斗數中的組合，就能明白會有各類落差很大的解釋出現。廉貞星會有與七殺、破軍、貪狼、天府、天相五組不同的雙星組合，以及廉貞獨坐對面是貪狼，總共六種組合。其中可以發現，七殺、破軍、貪狼都可以說是人對慾望的各種表現，貪狼是慾望的根源，破軍是對慾望追求的夢想，七殺則是對慾望追求的堅持，當慾望被禁錮起來的時候，當然就會將慾望好的一面展現出來，但是如果枷鎖被破壞了，本來被囚禁的慾望被大量釋放，反而會更加不顧一切，更加奔放（一種參加飢餓三十的活動之後要大吃大喝一頓的感覺）。

例如廉貞、天相的組合，因為天相本身很怕煞、忌，一遇到就走歪，反而會帶壞廉貞星，導致獨守的廉貞一旦牢籠被打破，對面的破軍星慾望同樣會大幅度影響它，仔細想想，六個組合中有五個具有煞、忌，反而加強了慾望爆發的問題。而沒有遇到煞、忌，廉貞星就在自我禁錮的乖巧狀態，如同一個聰明伶俐的外交官，恪守崗位，但是遇到誘惑之後，希望利用本來就具備的魅力、能力以及人脈來滿足慾望，當然就會比一般人更有機會、更能夠爆發慾望的特質。六個組合中，不怕煞星的天府有務實、穩定控制的能力，因此廉貞、天府這一組比較不會因為煞、忌而有爆衝狀況，其他五個組合都會有遇到煞、忌而爆衝的風險。因此在星曜的解釋上，如果不思考星曜的組合影響，廉貞星遇到煞、忌跟沒遇到煞、忌的解釋落差就很大，會出現各類解釋彼此衝突的問題。因此，廉貞星最喜歡的情況就是廉貞化祿，或者遇到與祿存星同宮，形成所謂「廉貞清白格」。廉貞化祿是因為廉潔貞操的特質增加了好處，祿存則是因為祿存星是所謂乘旺之星，將星曜的優點加倍成長，所以增加了廉貞的優點，讓廉貞比較不怕煞、忌，囚牢沒有那麼容易被打破。

1.／廉貞對宮為貪狼

廉貞單星的組合裡，只有貪狼在對宮。當廉貞星在命宮，而對宮是貪狼時，廉貞的內心有著貪狼的慾望，廉貞對於自身的創意跟能力的發揮，都會依照貪狼的慾望去展現，希望透過能力滿足內心對世界的期盼。貪狼喜好各種事物，追求人人喜愛的人際關係，希望有各種不同視野，這些隨著貪狼而來的特質，讓廉貞星本身具備的外交官機智與人際魅力滿檔，搭配上貪狼的桃花特質，會是個人人稱羨的人，外型與才能都相當不錯。只是當廉貞星遇到煞、忌時，就會出現想要將慾望極度放大的情況，憑藉自身的能力，希望可以用最快的速度滿足內心的期盼，當然就會出現運氣不支持、人生有風險等問題。因為廉貞的能力條件實在太好，所以出現的問題也會相對嚴重，也因此就容易遊走法律邊緣。這也是為何許多書籍將廉貞星的化氣為囚，引申解釋為犯官非的原因。抄捷徑抄得太順利，一旦運勢轉差，當然就容易犯官非了。

另外，因為廉貞星這樣的特質，這個人的一生就容易風風雨雨不斷。也因為夠聰明機智，會想辦法解決問題，並且希望可以有效率解決問題，所以當人生遇到風雨，自然也會想要探索生命，這是廉貞星也被稱為五鬼星的原因，具有宗教星的特質。畢竟這是一個被禁錮的星曜，具有一旦釋放就希望四處飛竄、奔放且磁場強大的靈魂。（以古老華人文化的生命觀念，靈魂與生命是在一起的，廉貞星作為外放的星曜，自然也會有強大能量的靈魂，因為只有能量強大的靈魂才能有如此的魅力，以及推送自己信念跟慾望的洪荒之力。）

圖二十一／

廉貞星位置圖

巳	午 廉貞 天相	未 廉貞 七殺	申 廉貞
辰 七殺			酉 天相
卯 廉貞 破軍			戌 廉貞 天府
寅 貪狼	丑 天府	子 破軍	亥 廉貞 貪狼

2. 廉貞、天府同宮

這一組可以說是廉貞星除了化祿或祿存的廉貞清白格之外，最好的廉貞組合。有天府這個王爺照顧控制的廉貞，星曜的特性穩定，對宮七殺，內心對於自己的價值有所堅持，不容易受到煞、忌的影響就爆衝，不會因為環境的變動、慾望的產生，就想要快速抄捷徑，但也是因為有個天府星在旁邊，是廉貞組合裡最不容易想要白手起家，自己創造一番事業的（當然如果受到運限的影響，則不在話下）。因為腳踏實地運用才能，逐步創造自己的地盤，並且不怕苦不怕難，才是他的人生價值。但是因為廉貞星的特質，所以他依然具備創意跟機智，只是相對其他組合，更務實看待自己的人生。

3. 廉貞、天相同宮

這個組合的對宮必定是破軍，所以廉貞、天相這個看起來有著宰相照顧、管控的廉貞星，通常應該會有類似天府的效果，有守有為，並且對自己的人生相當有計畫、有目標，可惜因為破軍就藏在內心，所以一旦天相遇到煞、忌，宰相本來該守的規矩與界限破了；廉貞遇到煞、忌，外交官不再廉潔貞操，內心的破軍夢想就會不受控制地奔放出來，當然就會不受控制地展現破軍的力量，為了自己的想法跟夢想，不顧一切世俗規則。這個組合最讓人頭痛的就是，雖然許多時候本命盤的廉貞、天相沒有煞、忌，看起來是個能力很好、聰明、創意十足，並且重視人際關係的人，會在遇到煞、忌時有所轉變，而煞、忌可能會因為運限盤而產生（參看《紫微攻略1》），一旦煞、忌出現，就會變了一個人，受破軍慾望力量的拉扯，在沒有足夠的本錢去支撐夢想下，雖然自己希望在內心的規範與夢想間兩全，但最後卻無法圓滿。

4. 廉貞、七殺同宮

七殺的對面一定是天府，所以這個組合的對宮是王爺天府星，內心對於實權與在自己人生範圍的控制權有著絕對的堅持。因此，廉貞星的各項才能與特質都在七殺的堅持下，努力向著內心的天府要求的方向去走。廉貞在人際網絡的努力、對自我能力的要求、聰明跟創意機智等特質，皆會因為七殺星對自我堅持的要求，而讓廉貞、七殺的人通常會是人中龍鳳，並且在專業領域達到很好的成就。這樣的堅持信念以及自我要求，並且熟稔拓展人脈的技巧，卻堅持人際的分寸，在古代絕對是上好的大將軍人選，也是各類司法或講求紀律效率的部門最好的主管人才。當然如果遇到了煞、忌，廉貞星會展現出不顧世俗規範的價值觀，但是別忘記，對宮的天府有化煞為用的特質，會將煞星轉為自己所用，雖然少了廉貞的自我道德要求力道，但是轉用了煞星的力量用得好，也會是一方之霸。

5. 廉貞、破軍同宮

廉貞的創意跟機智能力加上磁場強大的魅力，如果搭配上破軍無限的夢想與不顧一切的特性，當然會將廉貞的特質發揮到無極限，所以古書上對於女性有這個組合的人，通常風評非常差。反正古人對於所有讓人慾望奔放、風華迷人的，都抱持不好的評價。在現代，這卻是相當使人著迷的特質，才貌兼備、浪漫多情，對宮是天相星，內心對於人生有想法、有計畫，對外重視人際網絡圈。但是這個組合的問題同樣在於天相星害怕遇到煞、忌，煞、忌出現會影響原本內心該堅守的界限，或者廉貞化忌，廉貞牢籠被打破，破軍的力量如猛獸出閘一般地被釋放出來，當然就會因為過於跟隨慾望情感，而讓人生顛簸。所以，這個組合最好的情況是甲年生的人，這時候廉貞化祿、破軍化權，出現廉貞清白格，並且因為破軍化權，對於自身夢想的追求會因為化權而產生穩定的狀態，這時候，廉貞、破軍就在最佳的狀態，擁有夢想跟創意，浪漫跟能力具備，卻不會受感性爆炸而讓人生也跟著爆炸。

6. 廉貞、貪狼同宮

這個組合的廉貞對面是宮空，可以把雙星的廉貞、貪狼借過去，呈現表裡如一的情況。廉貞星本身雖然不算桃花星，但是如果宮位內有桃花星的浪漫因子存在，就可以將本身的聰明魅力展現在桃花上，也可以變成桃花星，所以廉貞、破軍才會魅力十足（破軍五行其中一個屬水，斗數中屬水的都算桃花星），而貪狼星當然也是桃花星，加在廉貞旁邊，貪狼的無窮慾望與桃花的特質，當然會影響廉貞在展現個人特質與魅力的時候，會更加偏向於與異性的關係。

這個組合跟廉貞、貪狼對拱的差異在於，廉貞、貪狼同宮時，貪狼會輔助廉貞星展現魅力，而貪狼在對宮時，則是貪狼的慾望帶動廉貞能力的發揮，一個是為了慾望而展現能力（對宮貪狼），一個是用貪狼的能力幫助廉貞更加發揮力量。但是因為這一個組合的兩顆星都會化忌，而且如果對面是空宮，一借過去就是雙化忌，自身空缺再加上內心空缺，又具備機智跟魅力及桃花，難免會做出比較違反道德的事情。如果空宮遇到四煞和文昌、文曲，不能借對宮星曜，卻一樣形成煞星去影響廉貞星的問題，除非廉貞星化祿，否則一樣會有囚籠炸開、慾望奔流的問題，所以這個組合在古書上的風評很差。如同前面各類受批評的組合，其實只是因為古人不喜歡不受控制的人，現今來說，或許這類人感情奔放又創意無限，對於人生會有許多不同的想法，只是如果對宮遇到陀羅，會讓人生在希望奔放跟放不下身段中間徘徊；火星如果遇到貪狼化祿或廉貞化祿，運限走得好，則可能因為擁有火星的爆發勇氣、敢抓住機會衝一下，或許有機會有不錯的事業，當然如果運限不好，也可能衝到山谷裡；鈴星則既如往常地提升了謀略跟算計能力；擎羊則需要注意控制不住自己的真性情；文曲也是桃花，在這個位置當然需要注意桃花朵朵開，魅力若是太奔放，人生就會太惆悵；碰到文昌雖然可以穩定星曜的浪漫特質，卻也需要擔心因此喪失了原本廉貞、貪狼浪漫不受控制的特質，所帶來願意追求人生美好的能力。

廉貞星在命宮小練習

同樣廉貞化忌，在人生中遇到了可以拿回扣的時候，哪一組廉貞不會做？

A. 廉貞、貪狼
B. 廉貞、破軍
C. 廉貞、天府，且廉貞化祿

解答／

C。因為廉貞化祿為廉貞清白格，而且身邊還有天府在看守他。

十、天相星

制度的協調與守護者

天相被設定為宰相的概念，一個負責協調國家各部會工作，以及守護國家規則，讓國家在穩定的軌道上運行的工作者，一人之下萬人之上，人際間的協調能力，以及守護心中價值是他的信念。天相「化氣為印」，一個負責蓋章、決定事情的人，不同於廉貞外放的人際拓展，天相雖然也是人際關係的星曜，但他更重視的是身邊周圍既有的人脈維持，能夠讓一切在軌道上運行完美，才是天相的努力目標。所以天相其實跟另外兩個帝星一樣，希望可以有足夠的團隊幫忙，但畢竟不是天生皇室家族，無論宰相是多大的官，還是個打工仔，所以沒有團隊就得要靠自己努力，無論大國、小國的宰相，都需要有一定的門面來撐場面，因此天相相當重視門面，所以天相算是能力好、人際關係佳的人，願意為自己認可範圍內的身邊人付出許多，以此來維繫良好的人際關係。

不過，也因為上述這些特質，天相相對比較怕煞、忌。一個規矩的守護者遇到煞、忌，不再堅守心中的規則，當然就容易出問題，如同廉貞星害怕煞、忌，外交官重視廉潔，以免對外的關係出問題，對內規則的維持當然也怕煞、忌，一旦煞、忌出現，規則就被破壞了。廉貞因為雙星組合是以廉貞為主，所以當牢籠被打破，本來被訓練好的慾望野獸衝出枷鎖，不受控制，而天相的雙星組合都是別人的輔助星，例如紫微天相、廉貞天相、武曲天相，就像是個本來在身邊告訴自己該如何循規蹈矩，做好規劃跟安排的朋友，忽然跟自己說其實可以不照規則走，影響了自己對於原本星曜特性的價值觀，紫微不再為了面子而對事情有所堅持，廉貞不再廉潔貞操，原本控制自己的機巧變成取巧，武曲不再務實地一步一腳印，反而希望可以有快速的方式達到目的，這都是因為天相星的對宮一定是破軍星。破軍的夢想無限大，追夢無極限的價值態度，在天相的內心深處熒惑他，如同歷史上許多篡位者都是宰相，守護規則的人一旦打破了規則，往往都是為了成就內心的夢想。因此，天相星如果遇到煞星給與動力、遇到化忌覺得自己有所空缺、需要更多，都會引發潛藏在內心的對宮破軍崛起，進而影響天相以及所跟隨的主星。

誠如前面所說，所謂官非，是因為歷朝歷代法律不同，說的應該是一種約定的破壞，不見得是真的被告或者告人。天相如果化忌或遇到煞星，當然就表示這個規則被破壞了，因此可以說有官非的跡象。比較特別的是，大多數斗數流派對於四化的使用，天相星是沒有四化的，但是在我所使用，以及香港某些流派用的四化中，庚年是天相化忌的。

圖二十二／
四化表

天干	化祿	化權	化科	化忌
甲	廉貞	破軍	武曲	太陽
乙	天機	天梁	紫微	太陰
丙	天同	天機	文昌	廉貞
丁	太陰	天同	天機	巨門
戊	貪狼	太陰	右弼	天機
己	武曲	貪狼	天梁	文曲
庚	太陽	武曲	天同	天相
辛	巨門	太陽	文曲	文昌
壬	天梁	紫微	左輔	武曲
癸	破軍	巨門	太陰	貪狼

原因在於，最早期在斗數發展過程中，應該是十四顆主星各自有四化，甚至應該全都有四化，隨著各家流派驗證之後，慢慢整理成目前所引用出自《紫微斗數全書》、《紫微斗數全集》裡面的四化，但是可以發現在明朝的古書上寫的是庚年「天相化忌」，到了清朝中葉後期卻寫了「天同化忌」，而在書後的案例中寫的又是「天相化忌」，因此根據考證，很可能是因為書為木刻版，歷經戰亂的年代保存不易，遭受火焚或蟲蛀，讓原本的「庚年四化，陽武同相」，「同相」兩個字變成了「月同」兩個字，也就變成目前大多數流派使用的太陰（月）化科、天同化忌，因此書裡才會出現寫天同化忌，但是後面的案例卻是天相化忌的問題。這一點長久以來一直有爭議，近年因為許多實證案例，慢慢地大家也開始認知天相化忌的觀念與實用性。

天相星在雙星組合上皆為其他星曜的輔助星。而單獨天相的組合中，有三組，分別是對宮為「武曲、破軍」、「廉貞、破軍」、「紫微、破軍」。

圖二十三／
天相星位置圖

巳 天相	午 廉貞 天相	未 紫微 破軍	申 破軍
辰 紫微 天相			酉 廉貞 破軍
卯 天相			戌 破軍
寅 武曲 天相	丑 天相	子 破軍	亥 武曲 破軍

1.／天相對宮為武曲、破軍

在對於規矩的守護上，對宮的星曜代表了這個規則的建立目的與界限。對宮是武曲、破軍的天相，受到武曲務實特質的影響，會是這三組之中相對在思考上不會追求光鮮門面的一組，但是武曲旁邊畢竟放了破軍，所以遇到煞、忌的時候，難免還是會出現不小心亂花錢的問題。而這一組的務實表現，也是在遇到好的運限時，三組裡面最有可能白手起家創業成功的，個性重義氣而且好相處。

2.／天相對宮為廉貞、破軍

當廉貞、破軍在天相的內心時，我們可以想像這是最有魅力的一組天相。廉貞原本外放的魅力特質搭配破軍的夢想家特質，總是可以給與眾人許多創意跟希望，也是在群體裡最容易建立起人脈的人，因為魅力跟熱情夢想的展現，是這組天相對於自己規則與價值的建立目的，所以也會是最懂得做人，最讓人感到暖心熱情的一組天相。

3.／天相對宮為紫微、破軍

與人為善，照顧好身邊的人、做好人際關係，維繫好人脈網絡，是天相星的標準特色。但若對宮是紫微、破軍，這個身邊帶著將軍的皇帝，這組天相當然就是貴氣十足。不同於前面兩組，一個是個性務實但豪邁重義氣的對宮武曲、破軍，一個是熱情風趣創意十足的廉貞、破軍，這一組則是多出了讓人感覺氣質高雅甚至帶著高級感的氣勢，也因為紫微、破軍的影響，這一組也容易在運限有機會出現時創業，因為社會地位崇高跟受眾人景仰，是這個天相建立人脈網絡的深層目標。

天相星在命宮小練習

哪一個天相最容易跟人有財務糾紛？

A. 天相對宮武曲、破軍
B. 天相對宮廉貞、破軍
C. 天相對宮紫微、破軍

解答／

A。因為武曲、破軍的組合在個性上本來就對錢比較不在乎，又同時因為天相的關係，希望一切有個規矩，一旦天相化忌，規矩被打破，自己原本對人的錢財大方可能就會帶來財務麻煩。

（十二）天梁星

人生守護神，上天給與的庇佑

天梁星化氣為蔭，在紫微斗數中的設定是庇蔭自己的守護神，在傳統社會中通常都是家族中的老人，才會有這樣無私的庇蔭特質，所以天梁星也稱為老人星。老人都是有生命經驗的，因此天梁星也是博學的星曜。既然是老人，當然對於生命的價值與追求就有深刻的了解，也會想要追尋真理與探索生命真相，所以這個星曜也是宗教哲學和醫藥的星曜。比較特別的是，他也是吸毒與賭博的星曜，原因在於吸毒在現代已經被證明通常是因為追求心靈上的滿足而使用（其實毒品最早的出現就是為了宗教儀式，以及人追求心靈提升使用），當然這需要遇到足夠的煞、忌，讓人心偏向於情感的衝動，還要有機會買到毒品。賭博則是因為天梁星有一個組合是對面為天機星，聰明、邏輯能力好，這樣的人對於賭博可能是用投資的心態看待，賭博是我們說的，對他們而言，這可是專業投資理財。

因為在古老的世界觀，靈魂與天地運行會有一定程度的關係，天梁星就是被設定來解決這個部分的。代表上天無私的給與，就像家中長輩對我們無私的愛（雖然也有例外），是一顆絕對的庇蔭星曜，因此這是唯一一顆真正可以壓制煞星力量的主星。在斗數的三大福星中，天府是化煞為用，將煞星抓來為己所用；天同因為個性天真不計較，所以遇到煞星也可以樂觀面對；天梁星則是唯一真正可以降低煞星力量的，但是也只有降低，並不能真正消弭煞星的力量。

另外，天梁星還有一個有趣的特質，也是所有庇蔭類星曜的一貫特質（太陽、太陰也算庇蔭星曜），只要化權，都會讓人有小小的討厭。太陽過於強勢，太陰過於碎念，而天梁則是碎念到讓人不想跟他過日子，這也是天梁跟天機一樣被古書形容成「早刑晚孤」的原因，大家都不想跟一個碎念的老人一起吃年夜飯，不是嗎？而天梁星在雙星中都是以別的主星為主，例如「太陽、天梁」、「天機、天梁」、「天同、天梁」，其他都是單星組合的對宮為太陽、天機、天同。

1.／天梁對宮為天機

天梁星這麼一顆個性清楚的老人星曜，本身的庇蔭能力跟態度，對應對宮的星曜，也相對好理解。對面是天機的，因為內心聰明邏輯好，善良但也不喜歡一成不變，所以這一組是天梁星裡活動力最強的，可以想像成一個活力十足的大叔。

2.／天梁對宮為太陽

對面是太陽的，則像個權威的爸爸，照顧人的同時，一切要照他的規則走，但也是天梁組合裡最關心社會議題，有正義感的一組。在傳統命理學上，如果是女生有這個命盤，太陽在落陷位比較好，免得搶了爸爸跟老公的風采。

3.／天梁對宮為天同

對面是天同，這一組在古書上又被說得十分難聽，雖然最難聽的是天同在命宮，天梁在遷移宮，但是遷移宮天同的也好不到哪裡去。其實是因為這一組的人，就像老頑童，老人內心有顆赤子之心，永遠有著天真的理想，以及不錯的桃花，如果再加上更多桃花以及煞星，就容易不安於室。事實上，這一組的人卻是運氣好且人緣佳，想想看一個人可以到老都保持赤子之心，很大的原因通常都是運氣還不錯，不是嗎？最後，天梁也被稱為貴人星，但因為天梁在命宮，所以表示自己是大家的貴人，自己是那個庇蔭大家的人，所以跟天梁人借錢救急是最容易的。

圖二十四／
天梁星位置圖

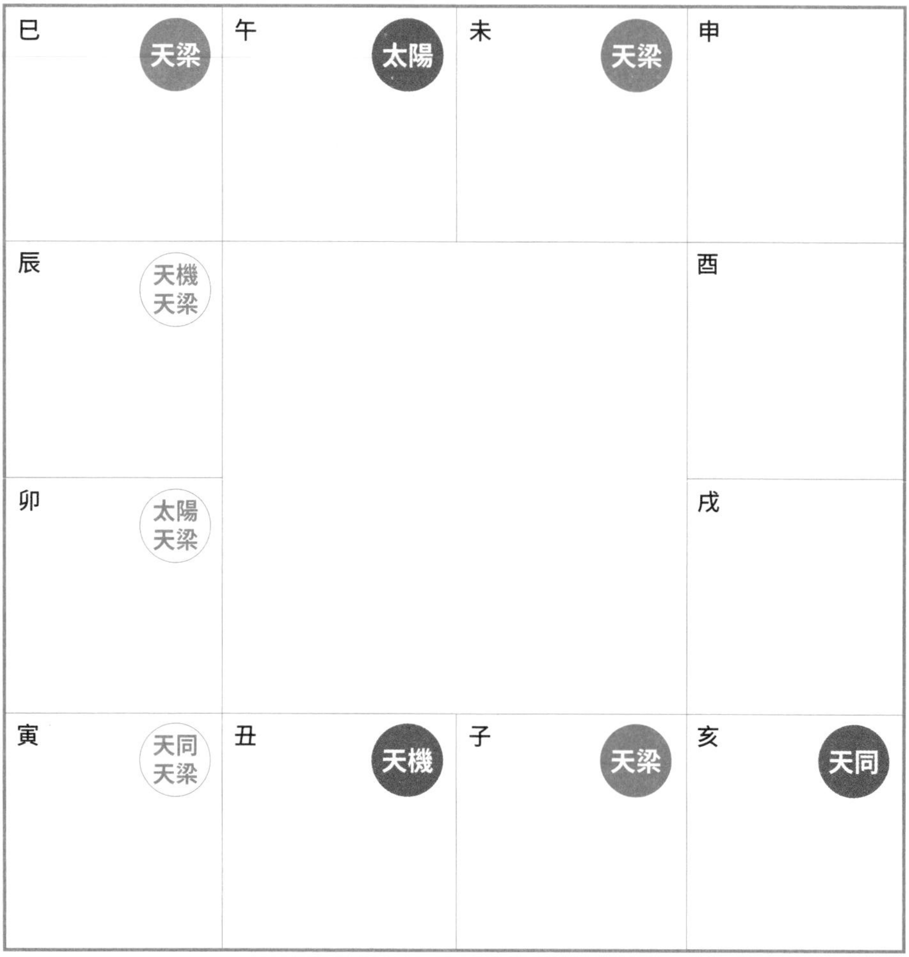
巳
天梁
午
太陽
未
天梁
申
辰
天機
天梁
酉
卯
太陽
天梁
戌
寅
天同
天梁
丑
天機
子
天梁
亥
天同

天梁星在命宮小練習

天梁是個仗義疏財的星曜，當天梁星借錢給你的時候，哪個組合最有可能收利息？

A. 天梁、太陽對拱
B. 天梁、天同對拱
C. 天梁、天機對拱

解答／

C。天梁的個性基本上對金錢的借出會不好意思與人計較，但因為天機星在對宮的天梁，天生有數字觀念跟邏輯，所以會自動換算自己因為借出損失了多少錢，也因為天機星重視邏輯，所以較容易將借錢的行為加上利息。

十二 天同星
純真浪漫用愛與包容行走天下

天同「化氣為福」，這個福字當然表示天同是顆福星，但福氣不是來自運氣好，而是來自於天生像孩子一樣不與人計較的個性，這樣不計較的個性連帶著引申出心寬體胖的概念，所以天同一直被人傳頌有著脣紅齒白和圓潤的體型，其實這是太陰、天同或是天同對面是太陰的組合才比較容易發生。天同星的個性善良，也因為具有很好的智慧跟學識能力，所以天同的孩童個性也代表教育的意義，這個孩童的概念包含了孩子不與人爭的特質，會讓人希望能保護他，所以天同具有天生的福氣之原因來自於此。

但是，這樣的個性也會有些小缺失，例如，常被人提到不夠積極進取，或是因為個性善良，不懂得拒絕，加上本身五行屬陽水，也是桃花星，如果在三方四正內再遇到桃花星，就容易有感情上的問題。並且因為天同星的個性來自於本身如孩童般的善良，如果跟巨門放在一起，會被巨門這個黑暗之星吞食，如同一個孩子在黑暗中，因為擔心受怕就不再天真善良，只會受到情緒糾結的影響。有趣的是，這個組合卻也是天同組合中比較不容易感情氾濫的一組，因為他糾結害怕感情中的失去都來不及了，哪裡有時間拈花惹草。天同星單星組合中的對宮分別為「天梁、太陰、巨門」。這個善良的孩子根據不同的內心狀態，也會有不同的表現。天同星的雙星組合裡，以天同為主的有兩組，「天同、巨門」、「天同、天梁」。

1./天同對宮為天梁

天梁在對面者，就像天真的孩子內心有個老靈魂，純真善良的表現卻存著喜歡照顧人的心，個性成熟能力好。

2./天同對宮為太陰

對宮是太陰的組合，內心是純粹的女性特質，太陰、天同都是桃花星，需要擔心的是如果遇到煞忌，會太過受到桃花跟感性的影響，在感情上較有問題，容易有牽扯不清的感情。但是，這一組因為都會化祿，並且一個代表福氣、一個代表富足，所以其實這一組相當適合創業做生意，畢竟生意要好，人緣和運氣好相當重要，更別說太陰的細膩會大幅度降低天同不與人爭背後隱藏的散漫小缺點。

3. 天同對宮為巨門

天同對面是巨門，巨門內心的黑暗，雖然不會像同宮的巨門會整個吞食天同星，只是內心帶有黑暗跟不安全感，整體展現出來的還是天同的天真樂觀特質。然而，這時候如果**太陽在落陷位置**，因為巨門的黑暗增加了，內心潛在的不安全感與對人的不信任也會比較嚴重，如果身宮又在遷移宮，就會有類似天同、巨門同宮的問題。

圖二十五／

天同星位置圖

巳 天梁	午	未	申
辰 天同			酉 天同
卯 太陰			戌 巨門
寅 天同 天梁	丑 天同 巨門	子 太陰 天同	亥 天同

4. 天同、巨門同宮

天同、巨門同宮最大的問題，就是因為天同的福分被巨門吞食，容易有情感糾結，導致個性無法大開大合，總會想東想西。這個組合的對宮一定是空宮，所以當化忌出現，就會產生雙忌。加上這個位置會有文昌、文曲同宮出現，命宮、遷移宮容易同時出現三個忌，何況化忌的星曜都是思慮星曜或黑暗星曜，所以這個組合最大的問題都是在情緒心情上。如果對宮空宮是煞星，遇到陀羅個性更加糾結；遇到擎羊跟火星，除了脾氣比較不好，做起事來反而變得比較果決；遇到鈴星會更加深思熟慮，也可以消除感情用事的問題。不過，因為紫微斗數中有一個很好的組合格局「明珠出海格」，說的是遷移宮是天同、巨門而命宮空宮，這是一個只要有祿、權出現在三方四正內，運限不要太差通常人生都很順遂，所以如果天同、巨門在命宮，只要遷移宮、福德宮、夫妻宮不要有煞、忌，其實可以建議他離家，往外發展，透過環境給與的壓力，讓他不再受情緒控制，反而會有不錯的事業發展。

5. 天同、天梁同宮

天同身邊加上了天梁這個庇蔭星，善良天真中會帶著喜歡幫助人的特質，當然也會加上一點老氣橫秋的個性，這是天同這個白嫩桃花星裡面，相對來說感覺比較有男子氣概的，也是天同組合裡，除了與天梁對拱那一組之外，最有學習能力的。因為對面是空宮，同樣要注意如果是文曲在對宮，會有思慮與桃花問題；文昌則是更增加天梁的成熟性格而且規矩很多，就降低了天同傻傻的個性。遇到各個煞星時，除了陀羅之外，都會增加天同的動力，但也一樣會破壞了天同的福氣。

天同星在命宮小練習

哪個天同最容易舊情復燃？

A. 天同、天梁同宮
B. 天同、太陰同宮
C. 天同、巨門同宮

解答／ B。天同、太陰同宮最有可能，因為天同、巨門對情感有某些潔癖，愛的時候無法分開，分了之後也會斷得乾淨；天同、天梁同宮當然也有機會，但是天同、太陰這一組最容易心軟，所以機會最高。

十三 ●○ 巨門星

黑暗中善良的火把

巨門星化氣為暗，被設定成一個黑洞。巨門的原意是一間巨大而黑暗的房子，在星象上就是會吞食所有星曜光芒的黑洞，源自人們心中對黑暗的不安，引申為內心深處的不安全感。因為內心的黑洞，所以對於世界有著期望得到認同的陽光，以及不敢面對世界，想隱藏自己的複雜情緒。關於巨門的所有形容都來自於此設定，無論是容易引起口舌，以及所在宮位就是比較黑暗的宮位（巨門為隔角煞，所在宮位會因為不安全感而小心對待，因此與那個宮位代表的人產生疏離），所以巨門的重點在於需要太陽，只有太陽可以給與黑暗的巨門光亮（紫微斗數借用天文概念，所以都是假的星曜，就別深究其實太陽也照不亮黑洞的問題了）。

因此，看到巨門的時候，需要注意**太陽**的亮度，太陽在旺盛位置的巨門會降低黑暗的狀態，但這只是讓巨門的黑暗轉成隱性，並不是真正消除問題，在巨門遇到煞、忌的時候，一樣會展現出來。有趣的是，因為這份不安全感，所以巨門在命宮的人通常擁有不錯的各類知識，並且頗為努力，希望成就不會太差，至少不要讓人看不起，這樣的特質在命宮當然就總管了十二宮都會如此，在各宮位則在各宮位上展現。

紫微斗數中常有這種與傳統觀念衝突的設定，其實這才是真實的人性，一方面害怕、一方面努力，會不安不敢靠近，同時間又希望可以接近、可以得到，這才是真正的人心。巨門星就充滿這樣的特質，如同黑暗中一支小小的火把，有顆溫暖的心卻需要人好好呵護，否則很容易就熄滅了，所以才有內心善良，希望展現溫暖，卻常常不小心太快拿出火把，反而將火把弄熄了，變成一片黑暗、口不擇言得罪人，最後變成有口舌之災。

巨門在命宮的時候，福德宮一定是天梁，福德宮代表靈魂是個希望幫助人的天梁，這就是巨門在斗數全書中被稱為「敦厚溫良」的原因。以巨門為主的雙星只有一個巨門、太陽組合，其他都是巨門獨坐的情況。巨門獨坐，則對面宮位會有「天機、天同、太陽」三種組合。

1. 巨門對宮為太陽

對面是太陽的組合，如果太陽在旺位，稱為「明日趨暗格」，太陽趨逐了巨門的暗，巨門的不安全感被隱藏起來，轉成博學努力跟開朗的優點，能言善道又陽光；若太陽在落陷位，則因為太陽不給力，所以內心的不安全感會很明顯，個性上會一面要求自己，一方面更希望環境可以給與幫助，因此如果遇到煞、忌，很容易從事遊走法律邊緣的工作。男性、女性通常都相當有魅力。

2. 巨門對宮為天同

對面是天同的組合，雖然巨門有著不安全感，但個性善良樂觀，太陽在旺位時，會展現出天同樂天、好相處的特質，加上天同是桃花星，通常外型不錯，也討人喜歡；若太陽在落陷位，則雖然天同的純真依然存在，但是也較任性、情緒化。

3. 巨門對宮為天機

對面是天機的組合，則是一般稱為巨門的另外一個好格局「石中隱玉格」，但是這個組合只有巨門在「子」的位置才算石中隱玉格，因為此時的太陽在旺位，巨門的黑暗被消除，並且搭配天機星的聰明邏輯好，雖然年輕的時候因為個性問題，人生較不順利，中年過後卻會因為人生經驗以及個性的成熟，搭配上原本的博學聰明轉變成不錯的特質，所以中年後大富貴。若是在「午」的位置，則因為太陽是落陷，較容易淪陷於情緒問題，而浪費巨門的優點。

圖二十六／
巨門星位置圖

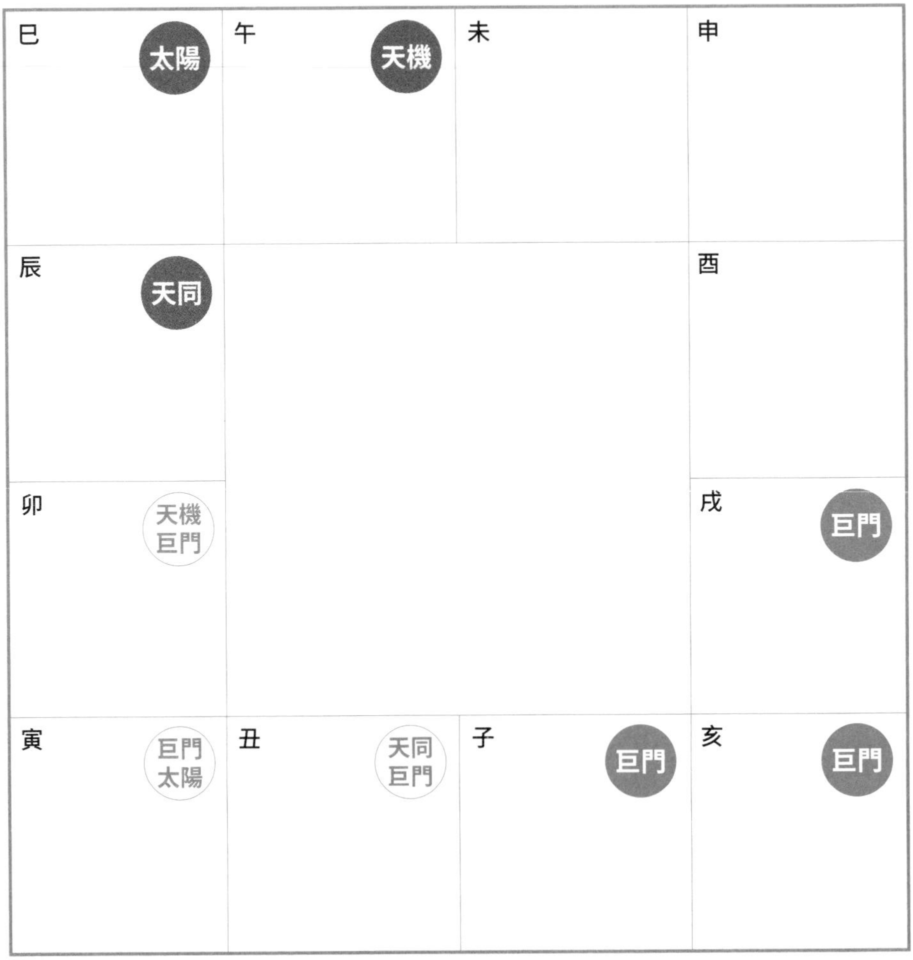

巳
太陽
午
天機
未
申
辰
天同
酉
卯
天機
巨門
戌
巨門
寅
巨門
太陽
丑
天同
巨門
子
巨門
亥
巨門

4./巨門、太陽

巨門只有這個雙星格局是巨門為主的組合。這個組合會在「寅、申」兩個位置，對面是空宮。因為巨門需要太陽的照耀，所以巨門、太陽同宮在一起，太陽的光芒要足夠，因此這個組合最好是在太陽旺盛的「寅」位。雖然對面是空宮，借去之後，太陽變成落陷，但是由於太陽夠亮，可以照射對宮，所以整體來說很像明日趨暗格那一組。又因為具備太陽，所以多了會照顧人的特質，也有一切希望照自己規則進行的太陽特質，少了單獨太陽在外的熱情樣貌。如果遇到火星、擎羊，個性比較衝動，但是也相對降低了隱藏的不安全感；如果是陀羅，則感覺像是太陽落陷了，一下太陽、一下巨門，個性搖擺；如果是鈴星，則少了熱情，但是多了計畫跟冷靜的特質；遇到文曲，則算是能言善道、才華洋溢；文昌則會讓個性變得比較拘謹。

但如果是在「申」位的巨門太陽，則因為太陽在落陷位，力道不夠，熱情常常只有三分鐘，巨門黑暗的狀態不時浮現，雖然因為對面「寅」位是旺盛的太陽，但那只是對外的表象。如果對宮有四煞或昌、曲，不能借星過去，這個問題就會更嚴重，因為連對宮的旺位來補救也沒用，遇到文昌、文曲就會變成想太多，煞星也都會讓想法比較偏向悲觀。

巨門星在命宮小練習

傳說許多古代的忠臣都是巨門星，因為巨門需要被重視，內心黑暗卻堅持自我價值的特質，以及福德宮有天梁，傳說中文天祥就是巨門坐命，依照歷史上文天祥抵抗外敵到死，死前還罵人，這最可能的組合是哪一個？

解答／

巨門在亥，對面是太陽這一組。這一組因為內心太陽的影響，希望一切太陽底下的規則都要照著自己的想法走，所以相對來說是社會價值與政治問題，是許多政治人物會出現的命盤，所以這一組最有可能。

十四 武曲星

剛毅耿直，一步一腳印，說一不二的正財星

武曲化氣為財，是紫微斗數中明訂的財星。其他類似的財星還有天府的庫星（計畫性自己印鈔票）、太陰的富星（媽媽般存錢聚沙成塔），而正式的財星則是武曲星。武曲被設定的特質是衝鋒陷陣的小將軍，個性耿直、一步一腳印，守信諾、重義氣，但是因為個性剛毅，有時不好相處，容易得罪人，因此也稱為寡宿星（一個人睡覺）。這本書看到這裡大概就可以知道，具有以上特質表示武曲最好能遇到化祿或祿存，才能彰顯財星特質。這個剛毅耿直的人如果跟紫微星一樣有人幫忙當然非常好，一步一腳印的求財過程會順利跟高檔一點（一樣當駕駛，開車、開船跟開飛機賺的錢就不一樣）。最後，如果加上顆桃花星，就會讓剛毅特質變得可愛討喜，做事比較不會一板一眼。

武曲星的雙星組合會有以下幾種，「武曲七殺、武曲破軍、武曲貪狼、武曲天府、武曲天相」。

1. 武曲對宮為貪狼

武曲星單坐在宮位內的時候，只會是貪狼星在對宮，這個組合古書稱為百工之人，跟貪狼獨坐、武曲在對面的時候，會如同鏡子一樣反射，貪狼在命宮是個性聰明活潑但內心務實。武曲在命宮、對面是貪狼，則是武曲受到貪狼影響，雖然個性一步一腳印很務實，但是追求金錢財富的特質不變，並且因為遷移宮是貪狼，所以太過剛毅正直的問題降低了不少，如果有專業技術，中年過後因為人生歷練夠了，將特質發揮出來，通常也會有不錯的事業成就。另外，武曲雖然被稱為財星，但只有在命宮跟財帛宮才能單純當成財星看待，其他地方則以財物價值、金錢觀，以及剛毅正直這類的個性特質來看待。武曲也怕煞星，遇到煞星通常表示會有跟錢相關的災害與問題。

圖二十七／

武曲星位置圖

巳 天相	午 七殺	未	申 破軍
辰 貪狼			酉 天府
卯 武曲 七殺			戌 武曲
寅 武曲 天相	丑 武曲 貪狼	子 武曲 天府	亥 武曲 破軍

2.／武曲、七殺同宮

武曲這個拚命務實的主管，遇到了不妥協的七殺，加上對宮有天府，自然會對自己的目標跟理想努力奮鬥不懈，並且因為擁有天府星的企圖跟謀略，如果運限走得好，通常會有不錯的人生成績。問題是武曲、七殺都是因為個性堅持，造成人生較辛苦的星曜，如果像紫微一樣，能在三方四正有吉星，會比較好一點，否則偏固執的個性會讓自己在為人生努力的路上顯得孤單。另外，這個組合比較需要注意的是，如果是大限命宮，會有好前五年、敗後五年的問題，因為前面很敢衝，容易成功，但成功之後的固執，會讓自己沒注意到風險，若加上擎羊則有機會在遇到煞、忌時，宮位出問題，通常是跟錢有關係的官非問題。

3.／武曲、破軍同宮

破軍算是桃花星，所以武曲、破軍可以算是武曲星遇到桃花星，增加了武曲星的創意跟能力，也降低了武曲星的孤單問題，聽起來相當不錯。不過，武曲畢竟不是紫微，遇到破軍星可能會太過浪漫，有時對於金錢的控制反而變得不夠務實，而偏向不計較、不在乎，加上對宮的天相影響，遇到煞、忌就容易在理財上出現脫軌的行為，否則因為天相的好人緣，加上破軍的不愛錢，以及破軍的創意跟天相的條理，會讓這個組合的人能力不錯、人緣也好。

4. 武曲、貪狼同宮

這一組是武曲中著名的好格局「武貪格」，對面是空宮，可以把主星借到對宮，是個中年後會有大富貴的組合，原因在於武曲、貪狼兩顆星都會化權、化祿，加上可以借主星到對宮，在運限組合上，很容易出現雙祿交持、雙權這樣很旺盛的組合。加上武曲星受到貪狼影響，幫助武曲增加能力跟人緣，變得個性靈活，不再一成不變，因此是個很容易在人生上取得勝利的格局。然而，古書也寫了「武貪不發少年時」，這是因為這個組合容易遇到煞、忌，加上這個位置會昌、曲同宮，武曲跟貪狼也都會化忌，人生無法只選擇好處，會雙祿就會有雙忌，何況昌、曲也會化忌，很容易就有三個、四個忌了，要是再來一顆煞星就毀了。但是運限在走，煞星到處都有，所以風險很高，人生如果早期順利後面運差，往往讓人難以承受，所以古書的這段說法有兩個解釋：一是不能發於少年時，因為一發於少年時，遇到煞、忌出現，人生不順，就會很難受。二是不會發於少年，人生磨練到四十多歲以後，有了經驗跟歷練，好運來的時候才不會迷失方向，所以不會發的這個才是比較好的。當然好格局都不能遇到煞、忌，如果對面的空宮遇到煞、忌，這個武貪好格局就沒了，煞星各自代表的情緒不穩定都會影響武貪的好格局。

5. 武曲、天相同宮

天相的對面一定是破軍，所以這一組必然有顆奔放的內心，奔放的夢想放在心裡，而天相守護著規矩、幫助武曲增加人緣、做事情更有方法，這一切都相當美好，唯獨天相怕煞、忌，所以一遇到煞、忌出現，天相走了歪路，管不住破軍星，內心的夢想跟浪漫不受控制地變成野獸，連帶著武曲就不會再務實跟理性，當然財務上就容易出問題。

6. 武曲、天府同宮

這一組絕對是武曲星除了武貪格以外最好的一組，武曲星受到天府的幫助，個性比較宏觀、做事情有計畫。缺點是七殺在內心，個性的固執跟強硬會是人生中的小問題，不過因為做事踏實有計畫，個性上的堅持和不追求不切實際的夢想，不像武曲、破軍，因為兩顆星都會化權，也不像武曲、貪狼兩顆星都會化忌，容易將夢想變成創業，也容易遇到煞、忌出現，因此通常可以穩定地完成自己的夢想跟成就，並且因為天府星的存在，所以比較不怕煞星。

武曲星在命宮小練習

在相同的條件下，武曲的哪一個組合最適合當牙醫，最適合往公務機關發展？

解答／

牙醫算是一種專業技能，在相同條件之下武曲、貪狼對拱，重視專業技能的百工之人最適合。而武曲、天相跟武曲、天府都相當適合往公務機關或大公司發展，因為這兩個組合相對來說較穩定，雖然天相需要注意煞、忌問題，但是天相的好人緣也適合在大團體裡有發展。當然武貪對拱也適合，只是最好還是跟專業技術有關係的工務部門。

命宮各星曜總結

命宮在紫微斗數命盤上總管十二個宮位，如同一個人主要的個性價值會影響人生中做出的各種決定，例如太陽在命宮的人，通常會希望生活中所有的人、事、物都依照自己的規則運行。太陽在命宮的人，夫妻宮一定是天同，夫妻宮表示這個人的感情態度，天同的不爭奪、樂觀個性，感覺似乎跟太陽是牴觸的，但太陽的特質還是會影響感情觀，也就是雖然在情感上是樂觀且好相處的，但重要的事情還是會希望依照自己的意見進行。這也就是我們常說不能只看一個宮位的原因，命宮所呈現的星曜涵義通常會比較偏向個性跟價值，也就是決定事情的態度以及對人生的看法，其他各宮位對星曜的解釋，就可以想像成當這個人在各宮位時所做出的選擇，例如剛剛的例子：夫妻宮天同、命宮太陽的組合，雖然太陽星希望一切依照自己的意思決定，但因為夫妻是天同，所以在情感上比較不願意爭奪，很容易原諒別人在情感上的過錯，這也是太陽在命宮時會被形容成很適合當小老婆的原因，因為對她來說，情感上不見得需要爭奪名分，尤其是落陷的太陽更是如此，對於感情會有極大的容忍度。

所以看各星曜在命宮的解釋，尤其是本命盤（本書的解釋也以本命盤為主），應該偏向於星曜的個性特質，先從這個角度去思考跟練習，慢慢熟練之後就可以再對應運限盤，解答出因為個性造成運限的狀況，搭配上《紫微攻略1》的煞、忌，《紫微攻略2》的飛化，就可以全面掌握整個命盤的解釋。

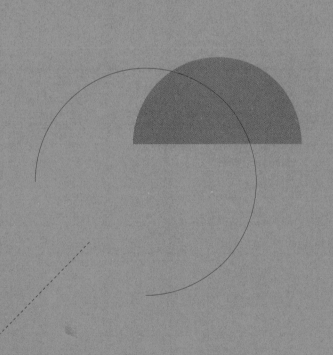

第三章

上天給的幫手——

兄弟宮

觀念建立

我們在紫微斗數中遇到的第一個六親宮位是兄弟宮，所謂六親宮位說的就是我們跟人的關係，這個關係來自於對六親宮位代表人物的看法，以及相處時採取的態度，至於看法就是我們覺得他是一個怎樣的人，但不代表他真是那樣的人，例如父母宮代表父親，家中三個小孩的父母宮可能不一樣，難道爸爸會有三個嗎？並非如此，而是因為三個人眼中的父親都不同；另外一個意義是我們與這個宮位所代表的人相處時，會希望擁有的關係，例如僕役宮代表平輩朋友關係，僕役宮內有紫微星，一方面代表希望認識有身分地位的人，一方面則是希望在朋友關係中自己是被尊重的。許多人在學習六親宮位的星曜解釋時，常常在這一點感到很混亂，無法理解為何認識皇帝還想當皇帝的舉例，雖然紫微斗數的星曜為了方便大家理解，有個代表人物的設定，但是一切要回歸到「化氣」是什麼的中心價值來討論。紫微「化氣為尊」，希望認識的朋友是尊貴的，也希望自己受到尊重，以此為基礎再加上四化跟輔星去解釋，並且考慮三方四正的影響，就可以將宮位內星曜的涵義解釋得很細膩。

關於六親宮位還有一個小技巧很少有人知道，就是當雙星出現時，在宮位內可以有自己與對方感受的解釋，例如兄弟宮代表同性別的兄弟姊妹（不同性別的兄弟姊妹在僕役宮）。兄弟宮內有紫微、七殺，在與兄弟的往來上，會覺得自己的兄弟像紫微，感覺高高在上，而我的態度則會讓兄弟宮所代表的兄弟姊妹覺得我像固執且對事情很堅持的七殺，雙星在六親宮位可以有這樣一個論法。

這一章所討論的兄弟宮，除了同性別兄弟姊妹之外，還代表了自己的母親。母親在我們出生時就已存在，所以將本命盤的兄弟宮當母親看待時，可以當成我們眼中的母親的個性跟類型；當兄弟宮使用時，則說明我們對兄弟姊妹的看法跟態度，但不見得表示兄弟姊妹就是那個樣子。此外，因為現代社會少子化，我們不見得有兄弟姊妹，如果沒有，當然就不當兄弟姊妹論斷，而當母親來論斷的時候，也只能看我們對母親的看法，實際與母親的狀況要從運限盤去判斷。如果父母離婚，從小母親不在身邊，則兄弟宮只能說是母親對我們的遺傳影響。總之，本命盤只在於態度跟價值，實際發生的情況現象都要從運限盤判斷。

許多書籍會討論到從兄弟宮看自己有幾個兄弟姊妹，這一點在這個年代其實不容易準確，因為現代有太多外力足以控制懷孕跟生產，所以準確度會有所偏差，但是後續在各主星的解釋中有部分可能的跡象依然會提到，包含可能有同父異母的兄弟，以及在查看本命盤的兄弟宮時，要注意運限是否有煞星或者化忌進去兄弟宮的三方四正，如果有三個以上，就要特別注意並參考《紫微攻略1》的說明。

一 紫微星 皇帝般尊貴的親戚，可惜他貴我只好跪

有些書會說有紫微天府在命宮的兩旁時，這個人命格很好（紫府夾命），其實只是因為父母在我們出生之前就存在，如果父母可以是紫微、天府，感覺上比較有社經地位，或是有財力可以幫忙自己，但紫微跟天府是否有足夠的能力，須視紫微及天府有無其他加強能力的星曜輔助。相對的，這也表示自己相對弱勢。而且有時候這種說法會忽略一件事，兄弟宮代表的不見得只有母親，還會有同性別的兄弟姊妹，而兄弟姊妹在兄弟宮的看法，說的是我對兄弟姊妹的態度，因此，紫微在兄弟宮，我覺得自己的兄弟貴氣，又希望對方要能給我足夠的尊重，除非遇到化祿或祿存，否則就會符合紫微斗數在六親宮位上的一個通則「他貴你就賤」。

紫微斗數的所有設計皆是依照社會文化邏輯設定，現實情況中，人跟人之間的

問題常常受彼此氣場不同影響，以及因能力跟社會地位不同，而產生彼此關係的高低感受，有些人自動地就會覺得好像矮他人一截，有些人雖然看起來很溫和，但是與之相處時會不自覺聽他的話。如果紫微星在兄弟宮，表示盤主對於自己兄弟姊妹會不自主覺得對方是天之驕子、受盡尊寵，這樣的相處情況，除非如前面所說遇到了化祿或祿存，或是紫微貪狼這個有趣皇帝的組合，否則很容易就有與兄弟不和的感受，所以當紫微星在兄弟宮除了對應的是母親關係之外，如果希望兄弟姐妹給與自己幫助，可能就要失望了。

1. 紫微、七殺同宮

紫微星有幾個組合，「紫微、七殺」在兄弟宮的組合，盤主在兄弟姊妹的關係上會希望得到尊重，並且希望自己有能力在兄弟姐妹間掌握一切，畢竟這一組的對宮是天府星，在內心裡面要能夠有自己的實際影響能力。

2. 紫微、破軍同宮

「紫微、破軍」在兄弟宮的組合，雖然對宮有天相星，也會希望在兄弟姊妹關係中符合自己的人生準則，不過因為天相星的關係，相較之下對兄弟姊妹很好，尤其如果遇到破軍化祿，對親人會有許多照顧跟付出，不過要注意對面的天相是否有化忌，否則就容易出現親友之間因為財務而產生問題。

3. 紫微、貪狼同宮

「紫微、貪狼」在兄弟宮的組合，因為是個好玩樂的皇帝，所以只要對宮沒有出現煞、忌，通常問題都不大。不過這一組也是兄弟各自努力的一組，通常母親過世後，大家只會偶爾聯絡。

4. 紫微、天府同宮

「紫微、天府」在兄弟宮的組合，對宮是七殺，兄弟之間比較不容易有親暱的感情，較會彼此爭奪權益。

5. 紫微、天相同宮

「紫微、天相」在兄弟宮的組合，同樣是小時候感情不錯，但是人生中太高的機率容易遇到煞、忌，所以有可能在煞、忌出現時，兄弟間出現問題，因為兄弟宮同時也代表父親的夫妻宮（父母宮的夫妻宮），如果宮位內有煞、忌，加上有左輔、右弼、天魁或天鉞這些星曜，可能出現小時候父母離異，造成單親狀態。

6.／紫微對宮為貪狼

最後一個紫微獨坐兄弟宮，對面是貪狼星的組合，如果遇到煞、忌，這個人可能跟自己的兄弟姊妹不親近，反而跟外面的朋友比較親近，如果三方四正沒有煞、忌出現，也會因為長大後兄弟之間各有發展而較為疏離。

紫微星系在本命兄弟宮小練習

兄弟宮可以代表跟母親的關係，當命盤在相同條件下，缺錢的時候，哪一個兄弟宮的紫微星組合，最容易向媽媽借到錢？

解答／

紫微、破軍。破軍化氣為耗，只要破軍化祿，很容易就是破耗自己，借錢給他人，而運限在走，破軍化祿一定會有，所以這一組最有機會。其他組合如紫微、貪狼的也有可能，但是錢不會太多，不過這單指母親，因為化祿所在的宮位除了父母親，通常都是你對那個宮位的人好，所以如果是同性別兄弟姊妹，則是你借錢給對方。

二・天府星　豪邁穩重的王爺是我兄弟

一樣是帝星，天府在兄弟宮的情況會比紫微稍微好一點，畢竟天府比較務實，擺闊跟驕傲前會想一下，而且總會做點樣子展現自己的雍容大度，因此天府在兄弟宮，如果有祿存或化祿同宮（例如武曲、天府同宮，武曲化祿），通常對自己比較有幫助。所以正式的紫府夾命，應該是紫微、貪狼在父母宮，天府在兄弟宮，而且紫微三方四正遇到吉星，天府遇到祿存，這個時候的命宮天機、太陰，就會得到許多來自父母的幫助，就算不是來自母親，也會來自同性別兄弟姊妹。雖然前面說到，六親宮位除了父母親之外，宮位代表其他意思時，遇到化祿或祿存，都是自己對那個宮位的人好，但是在天府這顆星的狀況下，這個遇到祿就會變成庫星的天府，則是彼此好來好去的情況，想想兄弟宮代表的兄弟緣分跟財庫一樣，這是多爽快的一件事，不過，在這個大前提下還是會有所區分。

天府星在所有雙星組合中，都是當主星的輔助星，例如廉府的廉貞、天府，武府的武曲、天府（這些雙星皆留待各主星解說時提到）。單純獨坐的天府星，因為對宮會有三種不同組合而有所區別，這三種不同的對宮組合分別是「紫微、七殺」、「廉貞、七殺」、「武曲、七殺」。因為對宮不同，天府星各自心裡務實的盤算皆有所不同，也就是對於兄弟姊妹之間的相處態度跟看法有所不同。

1./天府對宮為武曲、七殺

以對宮為「武曲、七殺」來說，是位耿直的天府王爺，說的話會守信用，個性比較剛硬，但是重視跟兄弟姊妹間的承諾。當然如果出現武曲化忌，或者有煞星，就會因為比較不會變通的財務觀念跟兄弟姊妹有所爭執。如果是母親的角色，則是因金錢觀念差異會有所不合。

2./天府對宮為廉貞、七殺

如果是「廉貞、七殺」這一組，對待兄弟姊妹的態度大方爽快，內心卻有所盤算，並不會完全地付出，懂得保護自己，當然也可能是覺得與兄弟姊妹的關係需要維繫但不用努力（廉貞星是最懂得用最省時、省事的方法達到目的的星曜），如果遇到廉貞化祿或祿存，形成廉貞清白格，就會跟兄弟姊妹保持很好的關係，也會懂得照顧兄弟姊妹。如果是媽媽，則是位很會持家的母親。如果是廉貞化忌，則要注意兄弟姊妹間會有因為家產而產生的問題（天府王爺重視自己的地盤而務實，當然會有所有權事物的概念）。

3.／天府對宮為紫微、七殺

最後一個「紫微、七殺」，這是位有權勢的王爺，這個天府就算有化祿，仍與兄弟姊妹往來不多，除非命宮太陰有不錯的條件，否則內心是紫微七殺的天府星，自己在兄弟姊妹間的態度會是重視家人，但是需要家人給與一定的尊重。這樣的態度亦需要搭配足夠的能力。加上兄弟宮也可以當成盤主自己認為兄弟姊妹是像王爺這樣特質的人，盤主自身如果沒有足夠能力，當然會變成想掌控兄弟姊妹間的主導權卻做不到的痛苦，雖然還是會努力地將人情做得很好，卻禁不起煞、忌的騷擾。

最後，天府星的王爺庫星特質，也代表如果三方四正出現化祿或祿存，有可能兄弟姊妹比較多，而且因為天府相對穩定跟有謀略的特質，自己的兄弟姊妹通常會在大公司或公務機關任職。母親則很有能力，有趣的是如果有祿存出現，這時候剛好命宮會有擎羊，對宮紫微星化權，母親很可能是商場女強人，會因此對自己疏於照顧，但是也會影響自己的個性，變成比較堅強。

天府星在本命兄弟宮的小練習

哪一組天府單星及祿存組合於兄弟宮時，對盤主自身最有幫助，並且願意提供實質的幫助？

解答／天府星單星時，對面會有「紫微、七殺」、「廉貞、七殺」、「武曲、七殺」。看這幾個組合，就可以了解，真正會默默幫助自己的，應該是「武曲、七殺」這一組，因為這一組的王爺最務實且重義氣。「廉貞、七殺」也有可能，但是自己本身的條件必須也很好。「紫微、七殺」則專注於照顧自己，除非當下大限的運勢強旺，才可能得到兄弟姊妹的幫助，但是如果自己運勢很強旺，又何需他人幫助呢？所以這一組比較在彼此的結盟合作，不是單純江湖救急式的幫忙。

三、天機星　身邊永遠的智多星

天機星是兄弟主，意即最適合放在兄弟宮，因為放在命宮會有太自傲於自身的聰明而視才傲物的問題，放在官祿宮、夫妻宮，都會有不穩定的問題，放在兄弟宮剛剛好，跟兄弟姊妹不用太親近，但是天機星化氣為善，善良的個性，邏輯好、聰明的能力，卻是對自己最有幫助的人。而自己對於兄弟姊妹這樣的態度，也表示自己懂得對待兄弟姊妹的關係，知道需要若即若離，只是不能遇到煞、忌，否則就會有兄弟不和的問題。這個位置也是父母宮的夫妻宮，代表父親的感情狀況，如果是命宮中說到很容易花心變動的狀況，在兄弟宮也表示父親的感情比較豐富，母親通常都是很聰明且會照顧家人，這是天機在兄弟宮的主要結構。而天機星系列會有幾種組合，有雙星組的「天機、天梁」、「天機、巨門」、「天機、太陰」，以及天機單星獨坐，對宮會有天梁、巨門、太陰這六種組合。

1.／天機、天梁同宮

依照斗數對應宮位解釋星曜的邏輯，天機的特質會展現在我們對待兄弟姊妹與母親的態度，以及我們覺得他是怎樣的人，所以在雙星組合上，「天機、天梁」的對宮一定是空宮，在沒有遇到煞星的情況下，我們與兄弟姊妹間算是關係不錯，但這個關係除非是天機或天梁遇到化祿，否則彼此的關心對待僅止於表面，遇到化科也一樣，但若遇到化權，兄弟姊妹間更有可能為了家族的事情有所紛爭，如果遇到煞星在對宮，通常關係也不會太好，尤其在成年後更加明顯，與母親的關係也在於是否遇到化祿，即便沒有化祿，母親與自己的關係，因天機、天梁一個善良、一個庇蔭，不會跟自己感情太差，而且會遇到運限的化祿，所以通常也還算融洽。

2.／天機、巨門同宮

「天機、巨門」原本天機星的特質因為受到巨門影響，兄弟間相敬如賓，關係並不緊密。此組合的對宮是空宮，一樣怕遇到煞、忌，喜歡遇到化祿，但即使是化祿，也是彼此默默對待跟關心。與母親的關係通常還不錯，母親多為聰明的美女。

3. 天機、太陰同宮

「天機、太陰」這一組的母親也多是美麗的，這一組算是這個宮位裡感情好的一組，雖然感情好，但是在運限上也容易因遇到煞星而產生紛爭，不過吵過就算了，受到太陰星的影響除非煞、忌實在太多（兩個以上），否則通常有緩和的機會，彼此感情仍算不錯，但是有可能在長大後分隔兩地（天機、太陰是變動的星曜），即使如此，還是有好的一面，會彼此關照。

4. 天機對宮為天梁

這一組是天機、天梁組合中最為變動的，受到對宮影響，這個組合是會照顧兄弟姊妹的，但是一樣需要遇到化祿，無論是天機化祿或是天梁化祿，否則這個組合通常會在長大後與兄弟姊妹分隔兩地，若加上煞、忌，也會因為環境狀況無法往來，特別是當天梁星有四化出現（任何一種），都會有年長一點的平輩親戚在工作上給與幫忙。如果宮位內有吉星出現（無論是左輔右弼或天魁天鉞，在兄弟宮與對宮僕役宮），則可能在小時候父母分離（天機天梁對宮有不安穩、分開的情況，有吉星表示有其他人代替父母親照顧自己）。

5.／天機對宮為巨門

對宮是巨門的這個組合，則要看太陽星是否在旺位，如果在旺位，並且沒有煞忌出現，盤主與兄弟姊妹算是感情不錯，且會希望受到兄弟姊妹的關心對待，盤主同樣也會幫助兄弟姊妹，雖然可能因為口直心快，跟兄弟姊妹有紛爭，但通常感情還不錯，母親則是相當聰明的美女。

6.／天機對宮為太陰

這一組因為變動性大，彼此感情算深厚，如果出現化祿，更會相當關心彼此。

••••

總體來說，除了天機、天梁同宮，天機、巨門同宮相對怕煞、忌之外，天機組合在兄弟宮，都算是人生有個聰明的好幫手，對於兄弟姊妹間的感情維護也算盡心盡力，畢竟，那個位置代表了母親，而且是個聰明的母親，對孩子的教育不會太差，善良與邏輯會是母親重視的教育觀點，在這樣的情況下，除非遇到煞、忌，否則孩子之間通常會相處得相當不錯。

天機星在本命兄弟宮的小練習

哪一組天機星系在相同的情況下最容易與兄弟姊妹在長大後分隔兩地？

解答／

天機、天梁對拱這一組。如果在兄弟宮，不討論四化、煞星的前提之下，是同性別兄弟姊妹在長大後容易跟自己分隔兩地，因為天機、天梁對拱有移動、變動的意思，無論是自己對於跟兄弟姊妹分開較不在意，或者兄弟姊妹喜歡到處跑（比自己早出生的可以用本命兄弟宮看個性），兩者都可能在有適合條件時，造成與兄弟姊妹的分離。

四

太陽星

長兄如父，就算是妹妹也一樣如父

太陽的重點在於是否在旺位，在旺位的太陽往往可能會取代父母的角色來照顧自己，這是太陽在兄弟宮的基本看法，而且兄弟宮是同性別兄弟姊妹跟母親的意思，以母親的角度來說，表示母親主導家中一切，在對待兄弟姊妹的角度來說，則是自己會很照顧兄弟姊妹，無論年紀是否比對方大。

之前曾提到兄弟宮也表示我們看待同性別兄弟姊妹是一個怎樣的人，這時候就會變得有點難以區分，所以要看太陽星的對宮是什麼星曜，太陽星的星曜組合有幾種，雙星同宮的有「太陽、天梁」、「太陽、太陰」、「太陽、巨門」。太陽獨坐的對宮分別會有太陰、天梁、巨門，基本上如果是旺位的太陽，則母親會是家裡主導者；若是落陷位的太陽，則母親通常是默默的支持者。

就兄弟姊妹來說，簡單地講當然是旺位的太陽會長兄如父般照顧兄弟姊妹，因為六親宮位除了父母宮，其他六親宮位說的是自己在六親關係中所扮演的態度（兄弟宮有太陽，在兄弟姊妹的關係中扮演太陽的角色），但是因為兄弟宮同時也是自己覺得對方是怎樣的人，所以這時候是否也能解釋成自己覺得對方是個太陽呢？在斗數的學習上，這是一個常常搞混的問題，我自己是太陽但又覺得對方是太陽，那到底誰是太陽？這樣兩個太陽不是會打架嗎？

其實這就要提到，在宮位解釋上，星曜所扮演的角色跟解釋要依照宮位的意義調整。當兄弟宮是自己對兄弟姊妹的態度時，說的即是自己希望在兄弟姊妹間扮演星曜特質的角色，與自己希望與兄弟姊妹間的相處態度的相互關係，這時候要用太陽與人相處的觀念跟態度，用太陽喜歡照顧人和主導事情的角度，來扮演自己在兄弟姊妹間的角色（本命盤說的態度跟價值）。如果說的是我覺得兄弟是個怎樣的人，表示要看太陽放在人身上會變成怎樣的氣息。太陽化氣為貴，覺得自己的兄弟姊妹是個追求高貴身分，希望被認同尊重的人。

因為宮位的應用解釋不同，對應星曜的解釋也會不同。如果是旺位的太陽，會具備太陽某些強勢的特性，就會跟兄弟姊妹間稍有衝突；如果是落陷的太陽，反而彼此不會有衝突，雖然具備一樣的特質，但是太陽星強度不再，少了發揮太陽特質的強勢態度，雖然自己照顧兄弟姊妹，但不覺得需要主導一切（當然也可能是因為能力不夠主導一切），而自己的兄弟姊妹雖然希望被尊重，卻並不強勢認為自己不被重視就不開心，兩人關係反而比較不會發生衝突。當然，以上說的是本命盤，實際上除非兄弟姊妹比自己早出生，如同父母自己出生的時候已經存在，否則通常與兄弟姊妹間的關係，還是用運限盤去論斷較為清楚，畢竟本命盤只是談態度跟價值。至於看待兄弟的態度中各種太陽星的組合，當然也就可以參考原本太陽在命宮的各項解釋。

1. 太陽、天梁同宮

以雙星的「太陽、天梁」來說，對宮是空宮，除非空宮遇到煞星，否則都是個性好且照顧家庭，無論大小事都能扛起的人。若是遇到煞星，則要看太陽在旺位還是落陷位，雖然一樣會照顧家庭，但是態度上有所不同。這一組的太陽受到天梁星的影響，比較沒有旺位或落陷位的問題。無論是同宮或對拱，總是真心善良扮演太陽照顧人的角色，差別在於對拱的組合因為天梁星在外，會比較老氣橫秋一點。

2. 太陽、太陰同宮

「太陽、太陰」這一組，對面是空宮，所以簡單的看法還是旺位的太陽跟落陷的太陽態度皆不同，與天梁的差異是，因為太陰星在旁邊，所以這一組母親的樣子會較為女性，與天梁同宮的則會偏向成熟穩重的態度，與太陰同宮的個性較不穩定，相對來說，天梁就是真的任勞任怨。而太陰這一組有另一個風險，如果對宮有煞、忌出現或超過兩個以上，再遇到化權或化祿，則可能會有父母分離的機會，因為那是父親的夫妻宮位。這一組因為有太陰存在，需要注意太陽與太陰彼此衝突，與內心受太陰心思細膩的想法影響（同宮的會反覆不定，對拱的則會降低太陽在旺位的強勢問題，展現太陰柔順的一面），所以比較容易發生兄弟間彼此不信任的問題，尤其如果遇到昌曲同宮的影響，則會因為煞、忌而產生兄弟姊妹間的嫌隙。

3. 太陽對宮為天梁

如果是獨坐的太陽，在落陷位就是個任勞任怨的媽媽，尤其對宮是天梁。對宮為天梁，自己在兄弟姐妹間會扮演著照顧大家的角色，無怨無悔的付出，差異在於太陽如果是旺位，則付出的同時需要得到眾人的尊重跟擁有兄弟姐妹間的話語權。

落陷的太陽就真的是無怨無悔，不求回報了。如果是男性的命盤，可能會因此跟自己的哥哥容易起衝突，尤其是太陽在亥位，並且出現化權或是化忌的時候。

4.／太陽對宮為太陰

對宮若為太陰，則雖然任勞任怨，但是也會把自己生活過得很好，不會讓自己受苦。這個組合基本上也是個照顧兄弟的組合，太陰畢竟是桃花星，會讓自己在兄弟姊妹之間，比較容易得到好的相處模式，但是這個組合適合男性，若是女性而太陰出現化忌或者化權，在加上煞星，則有可能與姊妹容易不合。

5.／太陽對宮為巨門

對宮為巨門，則是自己會有事業並且對家庭無怨無悔付出，但是常常說話得罪人，因為心直口快。上面這三組的媽媽通常都相當美麗。在旺位則是一樣的情況，但是會比較強勢。太陽因為受到巨門影響，如果是旺位的，雖然強勢，但是也較為爽朗，兄弟間彼此雖有口舌爭吵，但是通常感情不差，落陷則較容易爭執後影響感情，但是無論如何，太陽星在兄弟宮只要不要遇到太多煞、忌，算是跟兄弟姊妹感情好，願意照顧彼此。

太陽星在本命兄弟宮的小練習

哪一組太陽星在兄弟宮可以像對待爸爸一樣，很容易跟他借到錢？

解答／

太陽在子、午位的組合，因為對宮一定是天梁星，天梁星這個善良的守護神，如果有人需要借錢，在他能力允許情況下，一定會給與幫忙，所以太陽在兄弟宮受天梁的影響，內心超級善良，無論是覺得該如此對待兄弟姊妹，或是自己平常對待兄弟姊妹，應該都會讓兄弟姊妹感恩在心，有需要通常也會幫忙，所以基本上都很容易借到錢。還有一組是巨門、太陽同宮在寅，受到巨門敦厚個性的影響，應該也會容易借到錢，但是在申的那一組，因為太陽在落陷位，增加了巨門的黑暗，機率就不高。最後是太陽、天梁同宮的組合，因為天梁在身邊，當然也很容易。

五 ●○太陰星 長姊如母，弟弟一樣像媽媽

太陰星因為是桃花星，所在的六親宮位基本上都算是跟這個宮位的人有緣分，而太陰又是代表媽媽的星曜，太陰星在兄弟宮代表媽媽的意思，基本上算是有不錯的母親照顧自己。在代表同性別兄弟姊妹的意義上，如果是女生命盤，因為代表的是姊姊或妹妹，以太陰星來說比較好理解，也就是說無論姊姊或妹妹，都算是會照顧自己，並且很好相處，感覺上像是多了一位媽媽；如果是男生的命盤，可以有幾個方面解釋，這時候通常代表媽媽而不太代表兄弟、代表自己會相當照顧兄弟，就像他是另一個媽媽。最後如果真的要用兄弟宮來討論兄弟，建議用運限的兄弟宮，而不是本命盤兄弟宮。

太陰單星的對宮會有天機、天同、太陽等幾個組合，如果討論母親，則可以用

命宮的概念看母親是怎樣的人。簡單來說，就是把這個宮位當成母親的命宮解釋，但切記六親宮位這樣的解釋方式，都是以自己看待那個人為主，也就是說，自己覺得母親是個像太陰星這樣的人。如果討論的是姊妹關係，就要看太陰星的對宮為何，但是大方向都不能有煞、忌，否則在姊妹關係中就比較容易有許多小手段、小心機出現。如果化祿則表示感情很好，化權則是盤主會扮演母親的角色照顧姊妹，化科雖然代表感情也不錯，但也只是噓寒問暖而已，並不會如同化祿那麼緊密。最後則是看對宮是什麼星曜來加以細膩解釋。

1. 太陰對宮為太陽

對宮是太陽星，則一樣會如母親照顧姊妹，並且較為強勢。這一組如果是兄弟，則表示與兄弟間關係融洽，但是長大後容易各奔東西。不過即使如此，只要不是遇到煞、忌，基本上感情還是很好。這個組合基本上若遇到煞忌，大概是跟媽媽比較可能出現問題。

2. 太陰對宮為天同

對面若是天同星，與兄弟姊妹感情融洽，畢竟這太陰內心是天同，凡事與人為善不會爭執，除非庚年天同化科，這時候會變成任性愛面子的孩子，就可能無論是自己或姊妹的態度，會因為希望受到重視而有時因運限的煞、忌出現產生紛爭。

3. 太陰對宮為天機

對面若是天機星，太陰本身心思細膩，相當聰明，如果是兄弟，一樣有分隔兩地的機會，如果是姊妹，則需要注意有煞、忌出現，易造成彼此有心結，會為了姊妹而傷神，如果沒有則算是感情不錯，只是長大後一樣容易分隔兩地。

4. 太陰、天同

太陰星基本上有幾種組合，雙星以太陰為主的只有一組「太陰、天同」，太陰旁邊是善良的天同，與世無爭個性樂觀，並且兩個都是桃花星，這一組對應母親可以說有個聰明漂亮的母親，但是因為這一組代表了父親的感情狀態，如果遇到三方四正有煞、忌，再加上有左輔、右弼、天魁或天鉞，表示父母親的感情可能有問題，或是自己小時候可能曾受到他人照顧，否則通常表示自己跟母親感情不錯。這個組合的對宮一定是空宮，因為桃花很多，因此如果是落陷位的太陰，不適合對宮再加上煞星，或者文昌、文曲。如果是旺位的太陰則還好。如果說的是自己的姊妹，通常跟姊妹的感情也不錯，只是如果加上煞、忌跟文昌、文曲，則姊妹間容易有許多小心思，勾心鬥角。

太陰星在本命兄弟宮的小練習

太陰星跟火星或鈴星同宮是「十惡格」，通常表示會有與正常人不同的價值觀，不一定是好還是壞。但是在兄弟宮中，太陰的各種組合，哪一個遇到「十惡格」的時候，比較容易跟姊妹起糾紛，甚至翻臉？

解答／太陰、天機同宮或者太陰、天機對拱的組合。因為太陰星的其他組合，太陽、太陰這個雙星組合以太陽為主，所以加上火星、鈴星也不算十惡格。太陰、天同不會造成太大的影響。而太陰、天機同宮因為是天機為主，不算十惡格，對拱那一組，則會因為天機星容易受煞星影響，有思慮過度而彼此產生心結跟心機的問題。

六 ●○ 七殺星　情和義比金堅的兄弟宮

七殺的特質在於堅持的個性，跟為了自己的價值可以永不放棄。這樣的星曜在兄弟宮，就必須知道他在兄弟感情之間堅持的是怎樣的事情。七殺星在雙星的時候都是輔佐的星曜，例如「紫微、七殺」這一組，所以七殺只有在單星存在時，才能單純用七殺的特質來討論。而七殺星單星時對宮有「廉貞、天府」、「紫微、天府」，以及「武曲、天府」這幾個組合，也就是說，在兄弟宮討論自己與兄弟姊妹的關係，在同性別兄弟姊妹中希望扮演的角色上，七殺這個對兄弟姊妹固執與堅持的態度會發揮在什麼地方。

簡單來說，七殺星在六親宮位上因為本身的個性特質，常常讓人覺得對於感情親情的處理太不近人情，如果武曲是很務實地對人付出，沒有甜言蜜語，但是該給的不會少，七殺就是好的時候很好、該斷也不會手軟，不過通常都是自己在情感上已經完全受不了時才會放手，只是放手之後也絕不回頭。與兄弟姊妹相處，七殺也會如此，基本上算是對兄弟姊妹不錯的星曜。

兄弟宮在媽媽的涵義上，一方面可以說父親在感情上是有所堅持的，在寅、申位的七殺星，如果加上左輔、右弼，天魁或天鉞，則父母有機會分隔或分開。若單純指媽媽而言，通常都是能力不錯的媽媽，並且可以把大小事情處理好的媽媽，只是分別因為受對宮的影響，而有不同解釋。

1. 七殺對宮為廉貞、天府

對宮是「廉貞、天府」，凡事都會安排好，只要不遇到太多煞星，因為天府的不怕煞、忌，頂多有紛爭卻不見得會有危害。廉貞、天府的媽媽也會重視金錢，但是更重視家庭的人際關係以及自己個人的事業成就。

2. 七殺對宮為武曲、天府

對宮是「武曲、天府」的七殺，在兄弟姊妹的情感處理上很像武曲星，更加懂得掌握跟兄弟姊妹的相處關係，但是因為武曲會化忌，所以難免會因為金錢觀跟兄弟姊妹有紛爭。武曲、天府的媽媽比較務實且重視金錢。

3.╱七殺對宮為紫微、天府

「紫微、天府」這個組合，如果是在寅位，因為太陽落陷，整個盤的星曜力量相對較低，所以紫微、天府愛面子也愛裡子的小問題，會比較不明顯，自己會希望受到兄弟姊妹的尊重，也會照顧兄弟姊妹。如果是在申的位置，因為期待被尊榮對待的態度加深，加上七殺的固執特性，就容易有與兄弟姊妹在成年後不合的問題，因為七殺對面一定是天府，所以無論是兄弟宮或是對宮如果遇到化祿或祿存，因為有錢好辦事，願意付錢的容易當大哥，所以怕會有煞、忌影響兄弟感情的問題也會降低。紫微、天府的媽媽，愛面子並且希望子女能力不錯，因為對宮是媽媽的內心世界，並且需要考慮如果是全職媽媽，家庭老公與孩子就是她的事業！

七殺星在本命兄弟宮小練習

哪一個七殺星的組合，父親在挑選伴侶時最不在乎外型？

解答／

七殺對宮是武曲、天府的組合。兄弟宮也是父母宮的夫妻宮，代表父親的感情價值觀，有武曲天府在代表兄弟宮內心世界的對宮，表示父親在感情觀上較為務實，另一半可以幫助自己的事業，有能力比長相重要。

七・○破軍星 永遠無法猜透的兄弟姊妹

破軍這個浪漫到讓人覺得無法掌握跟控制，而擁有負評很多的星曜，因為對宮是天相，所以實際上他的內心有一道很清楚的防線，以及如印章般刻印出自我設定的規則。雖然感覺是個情緒起伏較大的人，但其實一直以來自有一套人生規範。破軍過往被認為只要存在於六親宮位，代表關係都不好，這是不對的看法。所謂因愛生恨，大概就是破軍在人際關係上的最佳形容了。破軍化氣為耗，是破耗的概念，但是，破耗其實是希望可以大破而大立，之所以會有關係不好的問題，其實是希望可以在彼此關係上有更多的發展、更好的、更深入、更不同的交往。然而，對宮的天相星所主導的「規則」，終究是自己訂的，不見得大家都要遵守，因此，對自己而言可能是浪漫的想法，對別人來說卻可能是驚恐的，當然就容易破壞關係了，這是破軍星在六親宮位上面的主要問題。

綜觀整個破軍星系的問題，其實都是在談論自己對於兄弟宮的關係，內心有所期待的想法，對於兄弟姊妹，可能因為希望用自己的方式對他們好，遇到煞忌的時候反而會出現問題。對母親的意義來說，則一樣會因為自己心裡在乎的想法，損耗了跟孩子的關係，這是破軍一直被人稱為破耗的原因——並非故意損耗那個宮位，而是因為太重視自己的價值態度，所以變成破耗。這時候我們從對宮星曜的組合可以看到，盤主在乎的究竟是什麼事情？是紫微需要被尊重、還是廉貞需要眾人圍繞的成就感，並且希望可以用最快跟最簡單的方式得到眾人的信賴、或是武曲重視財物價值跟金錢觀念。

七殺、破軍、貪狼這三個的雙星都是作為別人的輔助星曜，所以實際用破軍討論的，只能用破軍單星來討論。破軍單星對面會有「紫微、天相」、「廉貞、天相」、「武曲、天相」這幾個組合，依照紫微斗數的設定，這幾個組合代表了破軍星特質的展現跟星曜本身內心深處的價值，對應在兄弟宮上，表示與母親和同性別兄弟姊妹的關係。

1.／破軍對宮為紫微、天相

破軍會希望兄弟姊妹可以給與自己尊重，在沒有煞、忌的情況下，也會很照顧兄弟姊妹。因為內心是個守護自我價值的皇帝，所以希望透過這樣的行為來彰顯自己的價值，受人尊重。如果遇到煞、忌，就會因為覺得自己的價值被破壞，而與兄弟姊妹有紛爭。如果討論的是兄弟宮的母親意義，對宮是紫微、天相時，母親應該是個相當漂亮的美女，在家中很受到尊重，有藝術天分，重視孩子的教育跟學習（紫微化氣為尊，需要受到尊重，而天相幫忙守護這樣的價值，她當然會重視孩子是否可以跟她一樣有尊貴的氣質。當然這裡說的尊貴，究竟是尊貴到哪裡、怎樣展現，那是媽媽自己的價值）。

2.／破軍對宮為廉貞、天相

這一組是在乎的價值可以不用受別人吹捧，只要跟大家感情很好，受到眾人喜愛，就可以讓他感覺開心滿足，因此通常也會是兄弟姊妹間一個很好的橋梁。不過如果遇到煞、忌出現，則會因為希望眾人和諧而有些善意的謊言，也可能因此而產生人際上的問題。

3. 破軍對宮為武曲、天相

這一組是務實地對待兄弟姊妹，也是在金錢上對兄弟姊妹最大方的，因為他對兄弟姊妹間的照顧與付出（破軍化氣為耗，破耗這個宮位從某個角度來說也是付出，沒有付出為何會出現破耗呢？）較注重在實際的金錢上，不過也因此容易跟兄弟姊妹有財務紛爭，畢竟你願意借，別人可能不願意還。這一組也是最照顧家庭的媽媽，只是因為個性務實，如果外出工作也會為了賺錢讓家裡生活更好，將心力放在工作上，就可能因此忽視對孩子的照顧。

破軍星在本命兄弟宮的小練習

兄弟宮中有破軍星單坐，根據四化的邏輯，化祿會增加兄弟緣分，化權會希望可以掌控兄弟關係，也會希望可以在兄弟姊妹中掌權管事。如果本命兄弟宮有破軍，到底是化祿還是化權，遇到兄弟姊妹借錢的時候，會借給他嗎？

解答／

破軍星因為是破耗之星，所以如果出現化祿，也會有因為破耗才出現化祿的意思。化祿在六親宮位都表示緣分增加，破軍化祿在兄弟宮，兄弟緣分增加的原因來自於破耗，當然就表示自己可能需要借錢給兄弟姊妹了。但如果討論的是本命盤，就是個性上願意為了兄弟姊妹這樣做。化權是否也會呢？其實化權也會，只是化權沒有那麼乾脆，條件相對多很多。

八、貪狼星

感情愈多愈好、喜歡與兄弟姊妹開創人生

貪狼所在的位置，往往會是我們內心慾望所在。貪狼在兄弟宮，表示我們對於跟兄弟姊妹的感情有許多期待，希望彼此的感情不錯，也希望兄弟姊妹可以給與我們許多支持跟幫助（貪狼為慾望之星，我們對兄弟姊妹的關係，會因為貪狼的慾望而更加有所期待）。這個對兄弟姊妹關係的期待會呈現在什麼地方，當然就是看兄弟宮的對宮——僕役宮。看貪狼單星的時候，對宮是什麼星曜組合，就會知道自己對兄弟姊妹關係的想法，以及在兄弟姊妹間希望扮演的角色。貪狼星在單星時，對宮會有武曲、紫微、廉貞等組合。

1.／貪狼對宮為紫微

對宮是紫微星的時候，會希望自己對待兄弟姊妹的關心跟付出，能在兄弟姊妹間得到被尊重、崇拜的地位，因此只要能力足夠，會常常帶兄弟姊妹出去玩，並且給與許多幫助。如果說到兄弟宮中對母親的意義，則會牽涉到父親的感情狀態，同樣貪狼星對宮不同的三個組合，在一樣沒有各類煞、忌進入的情況下，紫微在對宮的媽媽可以說是懂吃懂生活、經驗豐富，會是很有趣的母親，但是也會重視孩子的教育。

2.／貪狼對宮為廉貞

如果是廉貞星在對面，則兄弟姊妹間融洽的感情是自己希望得到的感受。廉貞在對宮的媽媽，雖然跟紫微的媽媽一樣聰明，但是更加機智而有趣，並且相對沒有那麼在乎孩子的考試成績，只是這個組合因為牽涉父親的感情狀態，如果遇到煞、忌，或有吉星在裡面，就有可能因為感情太豐富而讓自己有不同母親的兄弟姊妹，或是有其他阿姨出現。

3. 貪狼對宮為武曲

對宮是武曲這一組，則是務實對待與兄弟姊妹間的關係，不會要求自己受到特別尊重，也不會希望關係特別融洽，覺得一切事情的處理、人際的相處都需要理性看待，會為兄弟姊妹付出，但是不會一味護短。媽媽聰明而務實，對自己的教育態度也會務實考量，所以通常會重視自己是否有專業技能。另外，兄弟宮同時代表了母親跟兄弟姊妹，從某個角度來說，也代表了這個人的家庭情況（其他還有父母宮與田宅宮會有這個涵義），所以這個宮位是參考是否適合結婚的重要宮位，對方家人是否好相處，對方家人是否會在雙方爭吵時一味護短，這都是需要考慮的指標。

• • • •

以上說明了在兄弟姊妹感情上，貪狼單星時的基本價值，當然這裡說的是同性別的兄弟姊妹，當命宮是這個組合的時候，因為命宮掌管了十二宮，所以也會有這樣的特質。只是在這個基本結構下，需要注意一些事：如果貪狼有化忌，會因為對於兄弟姊妹的情感太過投入，結果得不到預期成果而造成問題。若是同時因為運限的關係產生紫微化權，反而會覺得不受重視，只喜歡跟外面的朋友往來，又或是廉貞化忌，也會因為得不到兄弟姊妹的溫暖，寧願在外面結交各類朋友，當然也就可能交到壞朋友。若是武曲化忌，會因為金錢價值觀跟兄弟姊妹產生糾紛，因為這是本命盤，所以這裡提到的都是自己在兄弟姊妹關係的處理態度上可能隱藏的問題，並非一定會發生。只是運限出現，就可能有這樣的問題（關於運限的各類災難問題，可以參考《紫微攻略1》）。

大致來說，貪狼在兄弟宮的人，如果與兄弟姊妹感情有問題，都是因為自己對兄弟姊妹有太多期待，會出現自己的投入得不到滿足而產生問題，又因得不到滿足所以往外發展，反而到處結交各類朋友，或者會希望朋友跟自己的家人很要好，例如「紫微、貪狼」、「廉貞、貪狼」。而這樣的心情也讓貪狼在兄弟宮的人，很容易希望跟兄弟姊妹共創事業，或是在同一個行業內。這也是為何傳統上說貪狼在兄弟宮時，若宮位內有左輔、右弼，再加上煞、忌，容易遇到兄弟狼狽為奸的情況。因為自己要做任何事情，兄弟姊妹都會幫忙，但是煞、忌會讓自己在運用兄弟姊妹的情誼時走了歪路。當然我們還是要強調一點，這是指本命盤，說的是自己的態度跟價值，只是因為態度價值容易影響自己的做事方法，進而出現結果，但我們並不能單純的斷定會有如此情況出現。

貪狼星在本命兄弟宮的小練習

傳統上說貪狼在兄弟宮遇到煞、忌，再加上左輔或右弼，如果運陷走得不對，會跟兄弟一起狼狽為奸做壞事。如果有人兄弟宮有貪狼星獨坐，這個人準備收黑錢，請問要找自己的親人當白手套，該是怎樣的組合比較容易找到，並且哪個組合比較不會出問題？

解答／

基本上對宮分別為紫微、廉貞、武曲的這三組都可以，但是找廉貞這組比較容易答應，紫微的相對難，武曲的也可以，只是如果風險太大或者太沒人性，照武曲這麼老實的個性，可能會反對。

九 ●○ 巨門星

空虛寂寞覺得冷 總是希望兄弟給與溫暖

巨門有所謂黑暗之星的稱號，放在哪個宮位，哪個宮位就黑暗了。有些書會說巨門是隔角煞，位在哪個宮位，自己跟那個宮位彷彿就有一層隔閡，就算有化祿或祿存在宮位內，感覺感情不錯，但對於彼此的情誼總是不夠放心、不夠親密，在本命盤如此，在運限盤則會造成彼此的疏離感。這樣的說法，跟破軍星在哪個宮位就造成宮位破耗的情況很類似，常常讓人誤以為破軍所在的宮位等於跟那個宮位沒有緣分（破軍在夫妻宮，總是對感情敢於追求且浪漫多情，然而感性戰勝理性，往往感情不穩定，在傳統觀念上就等於感情不好。事實上，感情穩定是不是直接等於感情好，這是值得懷疑的。對情感的追求，造成看似不穩定的感情，是否等於這個人就是花心或者一生感情有問題，若這樣解讀，就成了宿命論）。

同樣地，巨門星所在的宮位也有這樣的說法，其實是來自於巨門的化氣為暗，這個「暗」，代表內心的不安全感，因為不安全感而出現不信任、不敢付出等負面情緒，以致於各種小劇場在內心翻轉演出。心中有那麼多的想法，最好的清除方式就是給與肯定，肯定代表信任，掌聲代表付出得到回報。小劇場的內心戲上演時，當然需要足夠的聚光燈照亮，才能被人看見，這就是巨門需要太陽在旺位的原因，因為化氣為貴的太陽，才能給與巨門足夠的認同跟信賴，讓巨門不要出現灰暗的情況，所以討論巨門在兄弟宮對於兄弟姊妹的情感態度，首先要看太陽是否在旺位，並且討論巨門的各類組合。

巨門星單星會有三種組合，對面分別是天機、天同、太陽，雙星組合則是「巨門、太陽」。其他雙星因為跟天機與天同在一起，分別都是輔助星曜的角色，所以在天機、天同星的章節裡面討論。

1. 巨門、太陽同宮

就雙星組合來看，巨門最需要的太陽跟巨門放在一起，有了太陽的幫助，巨門就會覺得自己很不錯，心中不再黑暗，有了陽光的感覺與熱情的人生態度。巨門的博學加上太陽的庇蔭照顧個性，是巨門、太陽雙星組合的特色，當然這個特色也就展現在對待兄弟姊妹的方式上，同樣的，也會依兄弟姊妹的照拂而給與相同的回報，表示會重視且希望家庭關係融洽。如果這時候自己不是長女或長子，當這兩個星曜出現化忌的時候，也會因為期待過高而與兄弟姊妹產生衝突。如果是落陷的太陽，則因為太陽的力量不夠，會呈現有時候陽光、有時候不安的情況，對待兄弟姊妹的態度也會變得忽冷忽熱，有時候熱情、有時候疏離。

這一組合對宮是空宮，因此可以借星曜到對宮。如果兄弟宮在太陽旺位，則借過去對宮的太陽剛好會是在落陷的位置，表示自己對於兄弟姊妹的情感是熱情的，展現出來的卻是有時候不安，並且若煞、忌出現，就會因為太關心對方而產生口角。同樣地，如果太陽在落陷位，則雖然骨子裡面是不安的，卻努力想要展現及希望自己可以是熱情跟陽光的，當然這樣的衝突往往也會造成兩方更加對彼此不信賴，尤其更怕再碰到煞、忌。

在寅位的太陽旺盛，母親是個熱情、有活力、有主見的人，家中會以母親的意見為主，若是在申的落限位，則母親會是默默為家付出的人，這兩個位置都要注意對宮是否有煞星出現，如果有無法借到對宮，則需要注意煞星的情況，鈴星則個性

圖二十八／

巨日位置圖，太陽旺位、落陷位

旺 巳	旺 午	旺 未	太陽落陷位 申 巨門太陽
旺 辰			落陷 酉
旺 卯			落陷 戌
太陽旺位 寅 巨門太陽	落陷 丑	落陷 子	落陷 亥

較為沉穩，擎羊相對固執並且容易跟父親起衝突，甚至會有離異的可能性，火星則會看心情來展現自己的熱情，陀羅則須注意如果對宮是落限的太陽，個性容易變成陰沉、不好相處，容易想東想西。

2.／巨門對宮為太陽

如果是太陽，則希望努力扮演好照顧人的角色。如果遇到化祿、祿存，並且因為是落陷的太陽，則不會希望擁有主導權而與長兄、長姊起衝突，而會做好照顧兄弟姊妹的角色。如果化忌出現，就容易因為在乎而發生問題。若是旺位的太陽，自己又是長兄、長姊，則兄弟姊妹感情融洽。如果不是，要注意出現煞、忌，可能與長兄、長姊產生衝突。

如果是以母親的角色來看巨門星的組合，基本上這代表了父親對於感情對象的審美觀，因此通常母親都是美女。巨門、太陽這一組在旺位的時候，無論是雙星或單星對拱的組合，媽媽都是家中主導者。如果是落陷位，則媽媽雖然看起來不是家中主導者，卻默默為家中付出，並且實際掌握家中大小事。

3.／巨門對宮為天機

如果是單星的組合，這份不安全感比較會出現在太陽落陷時。如果太陽落陷，這個不安全感就會展現在對宮各種星曜的特質上。對面是天機，內心會有許多想法，遇到化忌，往往就會想得很多，反而容易跟兄弟姊妹因為不信任而產生紛爭。

媽媽則思慮相當清晰，可以將家裡整理得有條不紊，除非遇到天機化忌，家裡會收藏各類東西，有點混亂。

4. 巨門對宮為天同

因為天同是善良而樂觀的星曜，在對宮表示自己的內心跟外在展現，因此只要太陽在旺位，巨門內心黑暗不再，並且沒有煞、忌（天同不化忌，而是化科，所以頂多是個愛面子的小朋友，多給點面子就好了），這個組合基本上跟兄弟姊妹的感情不錯，如果是落陷的太陽，當然也會因為不安全感而疏離，內心沒辦法真正親近。母親則算是個樂觀但有點散漫的媽媽。

巨門星在本命兄弟宮的小練習

兄弟是老天給與我們的幫手，所謂抓賊打虎親兄弟，但是巨門的黑暗卻常讓兄弟宮巨門的人，對於兄弟感情產生不安全感，甚至因此喜歡往外結交朋友。請問，哪一個巨門的組合，當兄弟姊妹有需要的時候最大方？最能得到兄弟姊妹的幫助？

解答／

巨門在亥位，對宮太陽在巳這一組。因為太陽在外照耀，驅走巨門的黑暗，讓不安全感不再，只留下巨門善良敦厚的一面，表示用善良敦厚的態度照顧著兄弟姊妹，當然是最大方的。同樣地，彼此之間的感情在沒有遇到煞、忌的時候也會是最好的。

十 ● 天梁星

老天給與的大哥

天梁是貴人星曜，在斗數的設定上是上天給與的機會跟貴人。天梁星放在六親宮位通常還不錯，但是一般都會錯認為那個六親宮位是自己的貴人，如同前面提到的，本命盤說的是與生俱來的關係，父母親比自己早出生，哥哥姊姊比自己早出生，在自己出生擁有這張命盤之前就存在了，所以本命盤可以論述這些人的個性特質甚至長相。但如果是晚於自己出生的，則只能用運限盤去看，所以天梁在運限盤上，當然可以說那個六親宮位是自己的貴人。本命盤則是除了比自己早出生的人之外，說的就是我們對於那個宮位的態度，我們自己扮演了天梁的角色，當然，因為我們幫助人、做別人的貴人，所以會得到別人的反饋跟幫助，這也是傳統習慣用本命盤論事，也往往會準確的原因。這一點是常常讓人搞不清楚的。

以兄弟姊妹來說，如果是長於自己的兄、姊，可以用上面看待母親的角度來看，差別只在於這是自己的兄、姊，因此有時候甚至有兄、姊代母職的情況。至於要分辨是兄、姊或是母親，則可以用三人的盤分別交錯比對，或者在斗數中有更複雜的太歲入卦，或利用其他宮位與運限盤做分析，這裡就先不做討論。排除上述的情況，則表示自己算是照顧兄弟姊妹的人。

天梁星如果化祿，還有老天送錢的意思，所以兄弟宮天梁化祿還不錯，但如果不是自己的母親，是自己對兄弟姊妹的態度，那就是自己送錢給人家了。不過，實際的關心跟照顧而增加感情緣分也是不錯的。

天梁星的星曜組合在雙星部分都是別人的輔助星，在單星部分，分別是對宮太陽、天機、天同這三種。

1. 天梁對宮為太陽

對宮是太陽這一組，是標準的長兄如父，對兄弟姊妹會用父母親的大人態度給與關心跟照顧，尤其遇到化權的時候更加明顯，但是需要注意不要有煞、忌進來，否則就會有白做工，反而惹到一身腥的問題。如果討論母親或父親的感情，對宮是太陽這一組，通常母親是家裡的精神領袖，甚至是經濟支柱，太陽在旺位的通常母親會有不錯的工作事業，但是相對強勢一點；在落陷位則無怨無悔地為家人付出。

2. 天梁對宮為天機

天機這一組，兄弟姊妹容易各自在生活事業上努力，但是互相的關心跟體貼依然存在，沒有那麼黏但不會漠不關心，會交流彼此的生活心得跟資訊，只是天機不要遇到煞、忌，否則就容易有兄弟反目的情況發生。如果遇到煞星並且有吉星在裡面，因為天機、天梁對拱的特質是變動，所以會有父母分離與離異的機會，當然這還要搭配運限去計算。此外，母親通常很聰明，並且很世故成熟。

3. 天梁對宮為天同

對宮是天同者，與兄弟姊妹的照顧與相處方式，吃喝玩樂、旅遊是日常，關心體貼、不與人爭也很正常。這一組的母親一樣世故成熟，並且照顧家人，但是因為天同星在對面，所以少了太陽的強勢跟天機的精明，個性樂觀且隨和。

天梁星在本命兄弟宮的小練習

天梁星在兄弟宮的人通常很會照顧兄弟姊妹，請問怎樣的情況下可能有例外，兄弟姊妹會覺得自己不夠照顧他們？

解答／

天梁對面是天同或天機的時候。如果遇到天機化忌，天同化科，再加上有煞星，就可能讓兄弟姊妹覺得自己對他不夠照顧，因為對宮是天機化忌而且有煞的時候，天機化忌會是聰明反被聰明誤，對於自己對待他們的方式想得太多，加上煞星，當然就破壞了好意。天同如果化科，會因為愛面子，有時候考慮得比較多，當然也會得到一些抱怨。

十一 天同星

單純樂觀不跟你爭家產的好兄弟

無疑地，天同絕對是兄弟宮最好的一顆星曜。有句讓人感傷的話：「母親在的時候是兄弟，母親不在只是親戚。」許多時候，兄弟姊妹應該是我們人生最親密的夥伴，但是隨著年紀漸長，每個人有自己的生活，卻常為了情感與利益問題反目成仇，讓人不勝唏噓。我們對路人都不會有這種仇恨，對親人卻可以恨不得對方入十八層地獄，這是一種很奇妙的情感。

然而，這也是紫微斗數對於人性最精妙的設計，一個宮位同時代表你對六親宮位的態度，也同時表示你可能遇到什麼人，彷彿蘇東坡與佛印大師的故事。蘇東坡問佛印：「你看我像什麼？」佛印說：「你看來像一個慈悲的菩薩。」蘇東坡大笑說：「但是我看你卻像一坨屎。」佛印說：「這可能是因為你心裡充滿了屎，才會覺得我看起來像一坨屎吧！」

我們對人的態度通常反映出自己在人際關係上的心態，但是我們往往不能真實面對自己。這是在學習斗數的時候大家常會卡關的地方，也是紫微斗數作為修身、修心的學問所重視的地方——能看透自己才能看到命運。在這樣的邏輯下，天同星當然是一個相當不錯的星曜（天同星只要是六親宮位，在沒有其他煞、忌影響下，幾乎都算不錯），因為他樂觀、不爭、不求的個性，絕對是與人相處時最好的個性特質。

天同星的星曜組合有幾種，雙星組「天同、巨門」、「天同、天梁」，以及單星對宮組合分別會有巨門、天梁、太陰這三種組合。

1.／天同、巨門同宮

以雙星來說，因為天同星跟巨門放在一起，天同星單純善良的特質會被巨門的黑暗吞噬，所以少了天同樂觀的特性，通常就會變成在情感上的執著，以及跟隨執著而來的感情糾結，與兄弟姊妹的相處感情，容易會有害怕自己的付出得不到回報，卻又希望與兄弟姊妹感情好的問題。因為這一組對宮是空宮，所以需要注意是否有煞、忌進去，若有煞、忌，則容易與兄弟姊妹發生衝突，甚至心生怨念。這個組合如果太陽是旺位，因為驅走巨門的暗，狀況會稍微好一點。如果是母親的解釋，天同、巨門同宮時，母親的個性可能有一點固執。

2. 天同、天梁同宮

因為天梁在旁邊，與兄弟姊妹的關係通常不錯，雖然天梁化權可能會因為自己太關心對方，讓人感覺有點厭煩，但是大致上來說關係並不差。同樣地，對宮也是空宮，需要注意是否有煞、忌，如果有這樣的跡象，當運限走到這個位置，就得注意跟兄弟姊妹之間有問題發生。這是斗數中「過旺則不佳」的概念應用，兩顆同類型的星曜不要放在一起，否則會產生各種不同的問題。天同、天梁兩顆都是福星，所以問題的發生，通常會讓當下的運限受到影響。至於影響層面則是看當下的運限盤哪個位置最差。

3. 天同對宮為巨門

單星的組合中，對宮是巨門的會不會跟天同、巨門同宮一樣呢？因為巨門在對宮，所以只是內心會有不安全感，並不會完全抹去天同的特質，只有當太陽在落陷位的時候，會比較在感情上有糾結。如果太陽是旺位，通常這個情況並不明顯，一樣會保持天同的樂觀態度，只是在與兄弟姊妹的關係上面不會那麼毫無保留。這一組需要擔心巨門化忌或太陽落陷，個性上比較沒有安全感，因此需要在媽媽付出的時候，多給與一點掌聲。這個宮位也代表了父親的感情態度，因此如果這些組合遇上其他桃花星，或者化祿、化忌，父親可能會比較多情。

4. 天同對宮為太陰

對宮是太陰的組合，因為太陰星一樣是桃花星，並且是母性的照顧星曜，所以這個組合在對待兄弟姊妹的態度上，通常是個性和善並且懂得照顧大家。母親則是標準善良傻氣的好媽媽。

5. 天同對宮為天梁

對宮是天梁這一組，在對待兄弟姊妹的態度上，如果沒有兄、姊，則會扮演好兄、姊的角色，照顧跟幫助身邊的人，對兄弟姊妹如此、對朋友也是如此。母親則是看起來樂觀但內心成熟穩重，事事觀察細微的媽媽。

天同星在本命兄弟宮的小練習

兄弟宮也可以說是父親的感情態度，天同星是桃花星，所以不要再有太多桃花比較安全。哪一個天同的組合就算有多顆文曲星，父親的感情也不會太花心？

解答／

天同、巨門雙星同宮的組合。這個組合因為天同受到巨門的箝制，在情感上雖然不能說始終如一，但是相對於其他的天同組合，比較會在情感上糾結，所以不容易會同時出現太多感情。

十二 ●○ 天相星 親兄弟明算帳 感情建立在理性上

天相非常重視身邊的人際關係，周圍的人脈關係需要依照自己內心的守則維持一定關係，天相會因此為他人做出許多付出，維繫好與眾人的關係。但是如果遇到煞、忌，那一條內心的守則被打破，也會因此產生問題。所以天相在兄弟宮的基本概念可以說是跟兄弟姊妹感情不錯，唯獨需要擔心的是如果天相遇到煞、忌會有怎樣的問題。

天相星的雙星都是其他主星的輔佐星，單星的對宮則有三種組合，分別是「武曲、破軍」、「紫微、破軍」、「廉貞、破軍」這三組。

1. 天相對宮為武曲、破軍

武曲、破軍這一組一看就可以知道對兄弟姊妹間的金錢往來算是大方的，但是並不像天梁星是專門被借錢都不會計較的。天相有個準則在心中，當煞、忌出現時，準則被破壞就容易跟兄弟姊妹在金錢往來上發生問題，其他時候與兄弟姊妹相處則不太在乎錢。如果帶到祿跟權，母親有可能是女強人。如果有煞、忌再加上有左輔右弼等吉星，父母可能會有離異的情況，若是都沒有，則母親是個性剛直又熱情的人。

2. 天相對宮為廉貞、破軍

廉貞、破軍雖然在金錢上沒有那麼大方，但是同樣跟兄弟姊妹感情不錯，不過也就僅止於彼此的感情交流。雖然相處愉快但是實質幫助很少，遇到煞、忌時更是容易反目成仇。因為天相星遇到煞、忌也有法律問題，所以廉貞、破軍這一組需要擔心如果遇到煞、忌，再加上其他桃花星與吉星，則父母可能有離異的機會。母親會是美女媽媽，甚至是美魔女媽媽。需要注意如果有煞忌出現，並且有破軍化祿或有吉星出現，可能是父親感情太豐富了。

3.／天相對宮為紫微、破軍

紫微、破軍這一組是最明顯的，在兄弟姊妹間感情的努力，是希望得到彼此的尊重跟眾人的尊崇，也因此這是遇到煞、忌時，相對不容易出問題的一組，畢竟皇帝很愛面子。母親通常是家中主要發號司令的人，當然通常也是身材不錯的美女，並且重視鄰里關係。

天相星在本命兄弟宮的小練習

天相星所在的宮位害怕出現煞忌，雖然是本命盤，但是如果運限走到也會有狀況出現。如果本命天相化忌對面武曲、破軍要注意什麼事情？

解答／需要注意不要跟朋友或兄弟姊妹有金錢往來，否則很容易在金錢上出現問題。

十三 廉貞星

最愛的人傷我最深

廉貞是一個亦正亦邪的星曜，好的時候（廉貞、天府的組合或是廉貞遇到化祿或是祿存）風趣幽默、聰明機智、廉潔貞操。遇到煞、忌，則會反過來出現不廉不貞的問題，轉變成利用能力跟聰明才智，希望可以抄捷徑，也可能因此踩到地雷而出現問題。這樣的星曜在兄弟宮，說的當然是自己會跟兄弟姊妹有什麼問題。廉貞星有幾種組合，雙星的有「廉貞、貪狼」、「廉貞、破軍」、「廉貞、七殺」、「廉貞、天相」、「廉貞、天府」，單星的對宮則只有貪狼這個組合。

1. 廉貞對宮為貪狼

這個單星的組合，重點在於廉貞是否遇到祿存跟化祿，如果有，這是個在兄弟宮還不錯的組合，跟兄弟姊妹間感情好，而且彼此有幫助，也會給與資源，當然母親一定是個聰明美麗的媽媽，也會是父親事業的好幫手。如果少了化祿跟祿存，則要注意是否有太多的煞、忌進去，在正常情況下，通常兄弟之間感情也不錯，只是一旦煞、忌進去，就可能因為對彼此的期待有落差而產生問題。

2.／廉貞、天府同宮

雙星的「廉貞、天府」這一組在兄弟宮，除了自己會希望給與兄弟姊妹幫助，彼此關係通常也不差。若兄弟姊妹是兄、姊，兄、姊的能力通常不差，母親當然也會是父親很好的賢內助。

3.／廉貞、天相同宮

這一組需要注意的同樣在於是否遇到煞、忌。沒有遇到的時候，會相當類似廉貞、天府，而且更加與人為善，母親也相對於天府更為和善圓融。但是如果遇到煞、忌引發對宮的破軍，就容易出問題。本命盤上若再加桃花星與吉星，父親的感情容易出狀況，與自己兄弟姊妹間可能在長大後，會因為家產或是個性問題產生紛爭。

4. 廉貞、破軍同宮

「廉貞、破軍」這個組合，相對於前面兩個組合，兄弟姊妹間相處更像朋友，無論彼此年紀差距多大，如果破軍化祿或化權，都會希望可以在事業上幫助兄弟姊妹。如果廉貞沒有化祿成為廉貞清白格，則因為遇到煞、忌的風險很大，也會是相當不穩定的一組，但是可以說這一組會是相當願意為兄弟姊妹付出的。

5. 廉貞、七殺同宮

這一組因為對宮有天府，雖然不算是同宮的天府來穩定廉貞星，但是在內心也會有清楚的做事方針跟謀略，相對地比較不受情緒影響，對於兄弟姊妹的關係處理，會是最能夠掌控一切的，並且可以掌握好彼此的關係，唯獨如果運限的田宅宮遇到了，同時又有煞、忌，造成兄弟姊妹間會因為家產而產生紛爭。母親個性剛強又聰明，往往不知不覺中就掌控家中大權，對宮有天府，是家中理財好手，雖然因為七殺總是有擇善固執情況，但是只要不要遇到太多煞忌，通常會是個是非分明的人。

6. 廉貞、貪狼同宮

「廉貞、貪狼」對宮是空宮，貪狼會引發自己對兄弟姊妹感情的期待，通常也是所有廉貞組合裡最相信兄弟姊妹的一組。因為貪狼的慾望，引發希望感情的各種發展，也希望能夠有更好的兄弟姊妹關係，所以會對大家有較多的期待，但是有期待就容易有傷害。當煞、忌出現時，很容易同時間出現雙化忌，再補一個煞，宮位就破損了，所以變成表面上感情很好，其實傷害很大，並且會有財產爭奪的問題。若是論母親的宮位意義，因為代表的是父親的感情態度，這樣充滿桃花的感情狀態，當然也可能會有不同母親的兄弟姊妹出現。

廉貞星在本命兄弟宮的小練習

廉貞星個性變化讓人不好掌握，在兄弟宮感覺也像在兄弟姊妹間的情感變動不穩定，如果希望與兄弟姊妹合夥做生意，應該是廉貞星哪個組合比較好？

解答／

廉貞、天府雙星組合或是廉貞化祿的其他廉貞星組合。否則即使現在沒有煞、忌出現，都會因為運限煞、忌出現而出問題。

十四 武曲星
重義氣的好兄弟

武曲本來是寡宿星曜，在六親宮位時，通常被說成跟那個宮位的人感情比較不親，其實主要原因是個性過於務實。然而華人社會往往講情理法，人情的感性層面在人際關係上大於一切。事實上，因為武曲的人對情感很務實，很實際地對待，雖然武曲星只有在命宮跟財帛宮才可以當財星，但是因為務實的態度往往會變成在金錢上有實質的幫助，所以也容易讓人誤以為是與對人在錢財上的態度有關，這一點是學習斗數時常常會搞混的。

一般來說，武曲若是化忌，表示對這個宮位所代表的人，會因為金錢財務觀念而產生彼此的疏離感，在兄弟宮當然表示跟兄弟姊妹有財務觀念上的問題，對於母親來說也是同樣的道理。化祿則表示對兄弟姊妹在錢財上很大方，其實化忌也會大方，差別在於大方完之後，比較不開心，感覺空缺，化祿則是心甘情願的付出。如果是武曲、破軍化祿，更是無怨無悔。

兄弟宮也含有媽媽的意義，所以是指媽媽對我們的態度。如果化祿，當然相當不錯，表示總是用鈔票來寵愛自己，如果是兄弟姊妹，就是自己以這樣的方式對待他們。如果是化權，則會用金錢價值來管控彼此關係，媽媽控制我，我控制姊妹兄弟。如果是化科，我們會想像成類似化祿，但只是說的多做的少吧！

至於這些用金錢來寵愛我們的過程會是怎樣的方式，要看武曲星的各種組合。

1.／武曲、破軍同宮

以雙星來說，「武曲、破軍」一定是最大方的，花錢的態度完全用感情來展現，但需要注意的是對面一定會是天相星，因此這樣用感情花錢的態度，也容易在煞忌出現時，會與兄弟姊妹有財務上的問題。至於在母親的角度，大概就是自己會讓她擔心罷了。

2. 武曲、貪狼同宮

因為「武曲、貪狼」的對宮是空宮，需要注意的是有沒有煞忌。在沒有煞忌的情況下，其實好處多多，因為這一組很容易遇到化祿，會有機會得到母親的資助，以及跟兄弟姊妹一起創業的機會，當然也會很大方地資助兄弟姊妹。

3. 武曲、七殺同宮

這一組的兩顆星都是這麼硬梆梆的個性，可能給與錢財也沒人理會，其實這是因為自己在錢財上雖然總是瀟灑大方，卻不懂得用比較好的態度來呈現。

4. 武曲、天府同宮

這一組是最懂得將錢花在刀口上，願意給與，但不是亂花亂給。

5. 武曲、天相同宮

「武曲、天相」則是看起來有許多規矩，不過一樣相當大方，這是因為對宮是破軍，只要符合心中合理的規則，就會大方以待，只是一樣需要注意煞忌進來的時候，會因為大方地給與而造成規則被破壞。

6. 武曲對宮為貪狼

武曲單星只有一個對面是貪狼星，這個武曲因為受內心貪狼的影響，對於母親或是兄弟姊妹的關係有許多期待，希望可以在關係中得到自己的滿足，因此武曲無論是遇到哪個四化，都很重視兄弟姊妹，也都會在金錢上相當大方，只是需要注意化忌化權的時候可能反而會好心做壞事，給與幫助卻反而得到抱怨，因為自己在給與的同時也要求許多。

武曲星在本命兄弟宮的小練習

武曲在兄弟宮通常表示自己在金錢上對兄弟姊妹非常大方，即使是武曲化忌，也是一邊罵一邊給。請問搭配上四化，哪一個組合最需要注意跟兄弟姊妹間的金錢往來，免得為了感情口袋空空？

解答／

武曲化忌破軍化祿在兄弟宮（圖二十九），這一組一方面是金錢觀與兄弟姊妹不合，一方面又會為了增加兄弟姊妹的感情而引發破軍的破耗。雖然就本命盤來說，這不可能同時出現，但是如果加上運限的四化就有可能，所以當武曲破軍在兄弟宮又遇到武曲化忌，或者破軍化祿，就要注意因為運限出現了另外的四化，組合成武曲化忌破軍化祿的狀態，就需要很注意跟兄弟姊妹甚至是朋友的財務問題了。

圖二十九／

武曲化忌，運限破軍化祿

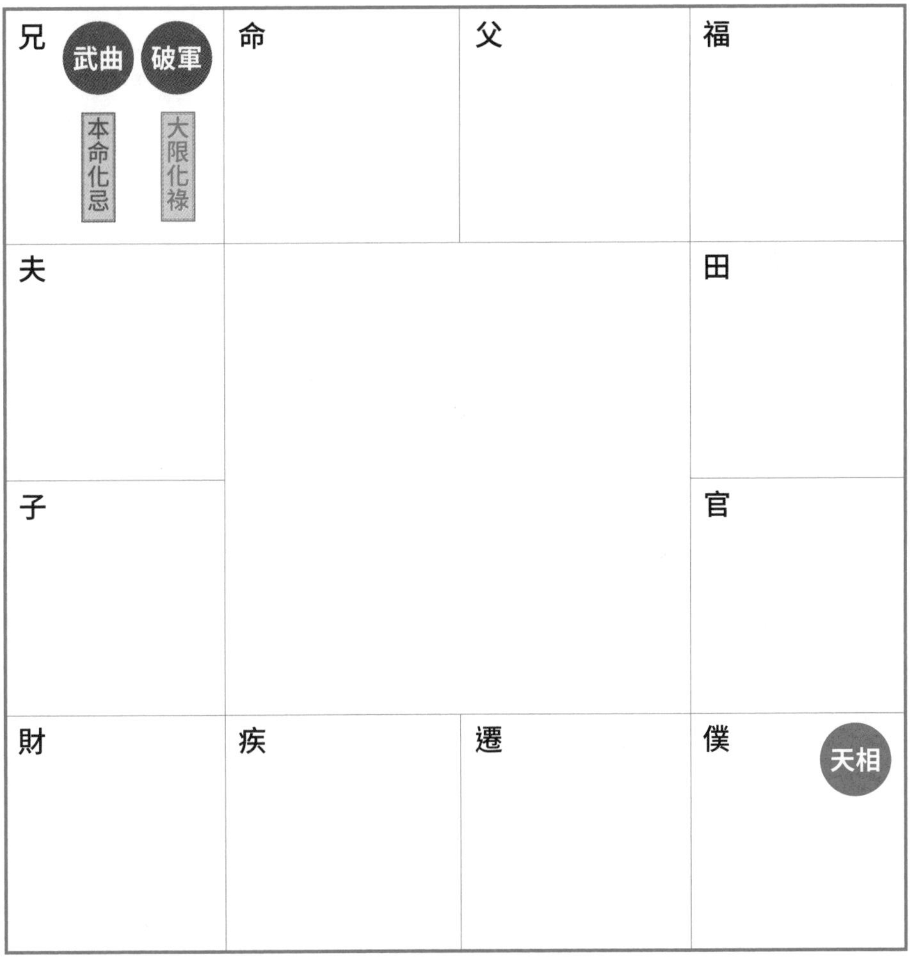

第四章

感情路上的自我——

夫妻宮

觀念建立

本命盤的夫妻宮討論的是自己在情感上的價值態度，傳統上會把本命盤夫妻宮當成結婚對象，甚至有第二段婚姻以子女宮判斷，第三段婚姻看財帛宮的說法，這是一種很奇怪的觀念（難道第四段婚姻看疾厄宮嗎）。之所以會有這樣的看法，是因為早年的婚姻狀況大多是一談戀愛就結婚，甚至是相親結婚，所以本命盤上呈現的感情態度，通常是自己在初戀時追尋的態度（因為沒什麼經驗，用的當然就是原始本能），因此很高的機率會類似本命盤夫妻宮。第二段婚姻通常會出現在第四大限的大限命宮，也就是本命盤的子女宮或田宅宮，子女跟田宅是對宮，彼此影響，而命宮的價值態度影響十二宮，所以感覺起來就好像可以用子女宮來看第二段婚姻。再加上我常說的，算命準度只要約三到五成就可以開業了（因為這樣的機率就會有足以讓命理師活下來的回頭客），所以這種看法才會不斷流傳，甚至一再被命理師運用在諮詢者身上。然而事實上，古人很難有那麼多段婚姻，尤其是女人，因此這一定是現代人推算出來的方法，慢慢地流傳成這個通俗的看法。

其實我們只要知道紫微斗數重視的是實際影響力，先利用每個盤所代表的不同意義，再依照這些不同意義的盤去定義每個宮位，最後利用這些宮位，如同篩子一樣，篩選出星曜的意義，就可以得到結果，這是斗數的解盤基本觀念。在這樣的觀念下就可以簡單分辨出來，其實本命盤夫妻宮只會代表自己的感情價值觀，每一段感情的真實狀態則要從運限盤去看。如此一來，無論是古代還是現代，男人還是女人（否則古代男人三妻四妾要怎麼分辨？）都可以看得很清楚。

實際與自己產生關係的人，才是真正盤上呈現的人，而非「世間法」定義上的人（社會上的法律與各類觀念規範會隨著環境改變，所以斗數強調真實的情況）。有了這樣的觀念後，我們看待感情問題時，就可以清楚釐清很多事情。例如：

- **為何自己認識的那個人，過兩年就變成另外一個人？**

因為運限轉換了，夫妻宮也轉換了。

- **為何原本欣賞的人或是感情的態度，隨著年紀增長有了改變？**

這也是因為運限轉換了。

那麼，自己本命盤的夫妻宮是否就不影響呢？本命盤是一輩子的，本命盤夫妻宮說的是我們一生對感情的態度，無論時空如何改變，那都是自己在情感上最自我的部分。或許人會因為年歲改變對愛的期待與認知，但是屬於自己永遠無法拋棄的愛情價值，總會埋藏在內心最深處。

有趣的是，如同兄弟宮，本命盤夫妻宮也同時代表了在感情上如何看待對方，以及希望得到怎樣的對待，兩者同時並存的情況。就如同人的心理在付出的同時，也期待受到相同的方式對待，就好像翹翹板的兩端，當你用力坐下將對方高高舉起，讓他看見所有美好光景，你也會希望對方一樣這般對待你，只是高高在上的他，往往就忘記在下面奮力支撐著他的你了。世間情感的送往迎來，愛戀的悲苦歡戀，莫過於此間的掙扎與徘徊。紫微斗數在人際關係上的雙面設定，讓學習斗數的人難以理解斗數的解釋，因為這本來就是我們在人生中很難面對自己的一面，這也是我常說的，紫微斗數不是命理學，而是修正、面對自我的人生功課表。

個性影響命運，再來讓我們看看各星曜在本命盤夫妻宮將為我們帶來怎樣的深情愛戀。

一 紫微星 究竟是皇帝大還是皇后大

紫微在夫妻宮，代表自己在情感上希望得到尊貴的對待，也希望感情的對象有足夠的才學與身分地位。只可惜有身分地位的人，通常很難對另一半有足夠的尊重。這是紫微在夫妻宮裡的衝突點，也是最常拿來解釋夫妻宮的範例，人與人的關係如水，隨著彼此的高低流動，在六親宮位中，他貴你就要跪。六親宮位通常不希望有太高貴強勢的星曜，在夫妻宮裡坐落了紫微，自己對愛情的期待是帶著浮華的夢，這個華麗的美夢要落實在怎樣的地方，當然就需要看對宮是什麼星曜了。

1. 紫微對宮為貪狼

紫微單星對宮是貪狼，內心對感情的期待當然有著許多慾望。這個慾望會呈現在對於情感的各種好奇與想像，希望有人可以呵護著自己，像公主（或者皇妃）一樣，到處感受愛情的浪漫跟可能。若是男性，則會希望在情感中得到尊重，所以會盡可能地展現自己的能力與親和力。並且希望另一半也有著相當的能力跟地位，這等於女命的夫妻宮紫微找的就是男命命宮要紫微獨坐，或者夫妻宮紫微獨坐的人。因此，這一組可以說是紫微星裡面，比較不用擔心因為自己在情感上的嬌貴而產生問題，當然如果遇到太多桃花跟煞忌，那可就不一定了。桃花跟煞忌的出現，說明了自己情感的慾望奔放以及魅力湧現，當機會變多了，紫微希望得到的尊寵也就不見得要來自同一個人，因為夫妻宮代表的是感情態度，不是另外一個人，只有在感情上得到自己的需要、滿足自己的想要，至於是不是來自同一個人，在煞忌星的催動之下，就不是那麼重要了。

2. 紫微、七殺同宮

紫微、七殺雙星的組合在夫妻宮，對宮的天府星代表自己對另一半的期待。紫微、七殺「化殺為權」，表示自己在情感上需要有一定的掌控程度。對宮重視自己地盤的王爺天府，也表示在感情上有不能被侵犯的態度。同時也期待另一半有能力且有不錯的社會地位，但是有社會地位並且努力事業的人，通常也比較不願意受控制，所以這是建議晚婚的標準組合，因為年紀大一點，控制技巧會好一點。

3. 紫微、破軍同宮

紫微、破軍的組合，對宮是天相，期望對象人際關係不錯，處理事情有條不紊又圓融，要有夢想、有事業心。因為自己在情感上的態度如同紫微、破軍，是一個有夢想的皇帝，不但浪漫多情還期待另一半可以跟著或帶著自己一起作夢，一起完成人生的各種期待。相處上也希望被呵護或是被吹捧，甜言蜜語跟稱讚絕對是增進感情的良方，更重要的是因為對宮是天相，所以稱讚要適度，不能過頭。

4. 紫微、貪狼同宮

紫微、貪狼這一組的對宮是空宮，在沒有煞忌星的情況下，對感情是敢於嘗試勇於追求的態度。若有煞忌星，則要看是怎樣的煞忌。遇到火星、擎羊，對感情的追求當然如同放火跟拿刀，更加勇敢與奔放；如果是鈴星跟陀羅，就是細細評估跟上演許多內心戲的躊躇；如果是貪狼化忌呢？這會影響自己在情感上追求的殷殷期待，也會可能變成不知道該怎麼辦（我們往往在肚子餓的時候不知道該找哪家餐廳，因為怕選錯而往往就選錯），所以這個組合就別再放進文昌文曲了，會更加擾亂心情。如果已經放了，就需要知道自己在情感上需要放慢腳步，釐清目標。這樣個性的人喜歡的對象當然是要能夠陪著他吃喝玩樂，對生活要有一點品味跟看法，才能成為他心中的迷人皇帝跟皇后。

5. 紫微、天相同宮

紫微、天相的組合，對宮是破軍，如果說紫微、破軍是要一個有人生夢想並且人人喜愛的對象，那麼紫微、天相就是風範迷人，看起來無法捉摸，卻有自己的規範跟想法。在夫妻宮上，喜歡選擇的對象要是破軍這樣對人生有不同想法，但是行為又有法則規範的人。在自己的情感態度上，看起來好像放蕩不羈，其實謹守分寸，當然有時候會因為煞忌星出現，破壞了本來該守的規則，引發破軍的力量，在情感的追求就會不顧一切了。

6. 紫微、天府同宮

紫微、天府這兩個帝星放在一起，又要面子又要裡子，在情感的追求上不只有浪漫，愛情跟麵包同時需要，對宮又是不願意妥協的七殺，當然也就會因此常常事與願違，喜歡的感情對象當然也就會是可以同時提供愛情跟麵包的人。

整體來說，在情感上，紫微星系是最容易被拿來勸說要有所抉擇的一個組合，要同時在情感中期望伴侶有地位，又要取得對方的尊寵，看看那些後宮爭奪戰就知道這會有多辛苦，不是自己需要退讓伴侶條件，就是要讓自己至少能夠與對方並駕齊驅，也因此這個組合最常被人說適合晚婚，但是看清楚原因之後，可以幫助我們改善，想當皇后要有手段，想當皇帝更要有許多智慧。

紫微星在本命夫妻宮的小練習

在相同的情況下，紫微星系的組合中，如果知道曖昧對象的夫妻宮是紫微星系，怎樣最容易打動他？

解答／

紫微單星　男生女生都一樣，只要讓他覺得你是一個甜蜜有趣，並且會一直稱讚他的人，就能吸引他。

紫微、七殺　出門約會的時候以他的意見為意見，適度發表自己的看法，但是尊重跟參考他的建議。

紫微、破軍　讓對方覺得自己的人際關係不錯，並且可以幫忙他一起完成夢想。

紫微、貪狼　生活的多彩多姿以及對人生的豐富體驗，是最吸引他的特質，各類型浪漫的把戲都是最好的攻擊武器。

紫微、天相　在夫妻宮的女生，要的是一個有才華，而且對生活有方向有規劃的人，男生則希望會是一個浪漫又能幫助自己事業的女人。

紫微、天府　雖然面子裡子都要，但也不能說直接送錢跟送花就可以。紫微星是以紫微為主，所以面子還是最重要的，只是這個面子要給得讓人覺得不會華而不實，就會讓他在心裡種下欣賞的種子。

二、天府星
看來大方但是不願退讓

相對於紫微需要尊寵，天府則是務實的王爺，在情感上也是務實的態度，對於是否能夠守住自己的感情，比在情感上是否得到尊榮的對待還要重要。然而，這並不代表他會堅守在自己伴侶身邊。夫妻宮討論的是感情態度，不只是另一半，畢竟有些人的感情狀態不是只有另一半，會像披薩一樣有很多瓣。這裡所說守護情感的狀態，是指希望自己可以「掌控」感情，至於是如何的狀態，那就是個人的看法跟解釋了。本命盤夫妻宮說的是態度，如果運限讓他有三妻四妾的機會，那麼守護這個機會就是他這個天府王爺的責任。

天府的雙星組合都是輔助其他主星，所以在此我們只看單星的組合。

1. 天府對宮為武曲、七殺

天府的對宮一定是七殺，當單星對面是武曲、七殺的時候，這個王爺在情感追求上就會相當務實，武曲、七殺對於金錢價值的務實期盼，是天府王爺最重視的，所以雖然貴為王爺，但他不需要許多浪漫跟吹捧，反而是踏實的態度跟真誠的對待最讓他心動，在情感上也是以金錢價值觀來做考量。

2. 天府對宮為廉貞、七殺

對宮是廉貞、七殺的組合，在創意跟人際關係上以及人生的目標不會墨守成規，這個由廉貞帶出來的特質，會是天府王爺所期待的感情對象，當然這也是他自己所呈現的感情態度。因此，若有煞忌出現，感情上是否必須依照世俗條件、或需要遵照傳統方式，旁邊的七殺會給與一切堅持的力量。

3. 天府對宮為紫微、七殺

紫微、七殺在對宮的王爺，女生免不了會希望對象要有一定程度的社會地位以及事業。就好比在學生時代，當班長跟當網拍模特兒的校園風雲人物讓他選擇，他自然會選擇風雲人物；出了社會，大公司的高層跟白手起家的商人，他會選擇商人。這個組合的女生所愛的，是那種為自己創造地位的人。男生的話，不能說會追求女強人，畢竟這還是要考慮長久以來的社會氛圍影響，但至少他會希望對象要能獨立自主、有個性，並且無論男女，對於自己的情感都會相當有自信。

天府星在本命夫妻宮的小練習

天府星在本命夫妻宮，無論哪個組合都對自己的感情很有看法，並且不是那麼容易隨波逐流。請問遇到天府星在夫妻宮的心怡對象時，該怎麼打動他？

解答／

對於對宮是紫微、七殺的天府女性，要展現自己旺盛的事業企圖心，對於事業夢想的魅力，絕對會是最好的感情催化劑。對於男性的夫妻宮對宮是紫微、七殺，則女生要表現出有想法，個性獨立，不黏不好追，絕對是讓他更想追求的力量。

對宮為廉貞、七殺的天府星，男性希望對象人際關係不錯，並且獨立有想法，聰明反應快是吸引他的地方；女性除了這些之外，還會期待另一半在專業領域上有成就，或者至少有機會有成就，能展現風趣跟專業，以及在群體中不同於別人的能力。

最後武曲、七殺這一組，無論男女都希望對方能在人生中踏實生活，努力建立起自己的人生王國，踏實地追求夢想，王國不用大，但是要能夠有不錯的物質生活能力，可以不用名牌，但是不能需要擔心金錢。相對來說，如果是男生，就會希望女性能夠有好的理財能力，可以幫他管理好家中經濟，至於是不是在人群中很風光，是不是有多偉大的計畫，那就不見得需要了。

三、天機星

善良而善變的感情　為了你好，我要離開你

天機因為本身星曜特質不穩定，傳統上都不希望出現在夫妻宮，因為不希望感情有太多變化，這樣的觀念也根深柢固地影響著傳統上我們對於感情與婚姻的看法，因此，通常都不希望夫妻宮有太多桃花星以及不穩定的星曜（事實上，人要變心，如天要下雨，娘要嫁人一樣，往往不是我們所能控制的，即使是穩固的星曜，所穩固的也是他的感情認知，不見得是單獨對你的感情），甚至因為這樣，許多女人即使遭到另一半毒打、言語暴力，也不敢離開對方，只因深怕找不到更好的人，殊不知離開不好的就是好的開始。所以，就現代來說，我們對感情的態度，無論男女，該討論的是相處時的彼此珍惜，而不是緣分到了卻不甘心不放手。如果說長相廝守是最完美的結局，那也必須是甜蜜的相守，而不是彼此折磨到老。與其如此，

還不如珍惜所在的時間，將你不愛的人讓給更能珍惜他的人，或者將不愛你的人放生了，讓自己得到更多的愛。願意接受變動的天機星，就是一個比較能做到的人。

1. 天機對宮為天梁

天機單星獨坐，對面是天梁的這一組，在情感上會期待一個聰明成熟並且願意幫助人的善良伴侶，自己則是願意花心思照顧感情對象，小缺點是這個天機組合是相對變動較大的一組，如果感情讓他感覺一成不變，或是對方讓他感到無法在人生上彼此學習進步，就會希望再探索其他感情的可能。

2. 天機對宮為巨門

如果對宮是巨門，則是標準地在情感上有著深深不安全感的人。巨門需要隨著太陽的旺弱來解釋，太陽在旺位時，這份安全感是隱性的；若在落陷位，就會常常展現出許多疑心跟猜忌。好處是這也會讓這個人在感情上相當努力，希望可以增加能力，缺點是如果遇到太多的煞忌或其他桃花，尋找口袋備胎名單就會是解決安全感的方法。這個組合期待的伴侶要像天機、巨門對拱一樣聰明善良，並且帶著溫暖。

3. 天機對宮為太陰

對面是太陰這一組，太陰星這顆桃花星在外面，無論男女在感情上都有相當好的桃花緣分，但是在情感上有著太陰星細膩的心思，遇到煞忌時往往會想太多，當然就容易遇到許多所謂的爛桃花。其實這是因為天機在夫妻宮，會希望對象要聰明、相處時不喜歡一成不變，太陰在夫妻宮對面，代表不論男女對另一半的外貌都有一定的要求，自己也會有不少桃花，再加上煞忌，衝動的需求拉高，這樣的情況當然在情感追求上風險就顯得很高了。

天機星雙星時，對宮都會是空宮，需要注意對宮是否有煞星，已經是變動的星曜就會相對在意是否有煞忌在裡面作怪，煞星（即四煞星：擎羊、火星、陀羅、鈴星，空劫不能當成煞星）和文昌文曲都是情緒星曜，不安穩的個性態度如果再加上擎羊的影響，就會更加不安穩，無法理性思考。

4. 天機、天梁同宮

這一組在情感上會有比較多的考量，加了擎羊、火星可以讓他比較願意在情感上少一點計算，多點勇氣；加上鈴星、陀羅，則是更加強了盤算得失，雖然這不能說不對，但是感情的浪漫往往來自於無畏的追求。這一組通常喜歡、也需要安穩而細膩的人，所以若是遇到好的運限，可以安穩平淡；但是如果運限一直遇到煞星，就會變成在自己的想東想西之下，好的對象容易溜走了。

5.／天機、太陰同宮

這一組因為對宮是空宮，如果沒有煞星，則要將天機和太陰借到對宮，算是一個內外一致的人，也是個無論內外，心思都過於細膩，在情感上過於敏感的人。若遇到煞星再加上桃花星，在感情上會因為內心的不安穩而祈求更多的滿足跟方向，當然也就會有情感過於豐富的問題，加上所喜歡的人也要跟他有一樣特質，當然在感情上就會很麻煩。不過這一類的人傳達出來的感情態度，正面來看都是溫柔而細膩的，所以其實相當討喜。

6.／天機、巨門同宮

這一組，巨門將天機關了起來，但是不同於天同被關起來，天機星被關起來其實頗為怡然自得，雖然有時候感覺孤單，但是自己也喜歡獨自思考的狀態。在感情上，這一組算是很清楚自己要什麼，也不會害怕寂寞，除非遇到了煞忌，或者太陽落陷，這時候內心的孤單湧現，往往就無法在感情的相處上做出好的選擇，以及給與彼此足夠的空間。

天機星在本命夫妻宮的小練習

不喜歡一成不變的天機星在夫妻宮的人，該如何打動他的心？

解答／

天機單星的時候，不穩定的特質發生在對面星曜，如果對面是巨門的，要給他絕對的安全感，並且讓他感受許多注視。對面是太陰的，細心的照顧是他在情感上的展現也是期待，所以細心照顧，隨時變換的小禮物，會讓他感受到別人難以代替你的魅力。對面是天梁這一組，成熟的個性，聰明博學做事有計畫，並且帶著對生活的開創勇氣，對他來說是無比的魅力。

天機星雙星的時候，天機巨門同宮的人要的是有智慧的陪伴，聰明能了解他的人卻給他一個安靜自在，默默守護的時光。天機太陰同宮的人有各種小心思的浪漫，許多不同的生活經驗以及各類美食會讓他無法忘記。最後一組天機天梁同宮的人，談心勝過一切。

四 天梁星

天生情感成熟 善於體貼照顧人

天梁這個老人星曜，在感情上通常會比較成熟，但是相對地少了浪漫跟激情，這是一般的看法。不過天梁並非都如此老態龍鍾，也有些組合是可以變成老司機，變成情場高手的。天梁，也是庇蔭星，所以通常在情感上的處理算是相當照顧人，只是相對於太陰的細心照料，天梁比較像是大哥哥或大姊姊照顧弟弟妹妹，即使對象的年紀比自己大，也會展現這樣的特質。

如同前面一再提醒的觀念，自己在情感上的付出，通常也是期望被對待的方式。所以，天梁星在夫妻宮也表示希望找到比較年長的對象，這在古代來說當然是年紀大，在現代來說卻不一定如此，可以說是個性成熟。所謂年紀大，還有男女的分別，如果是男生的命盤，年紀大的意思是大他超過三歲（因為男人通常比較幼稚），如果是女生的命盤，則會希望找比自己大八歲以上。不過，這可能有例外，一般出現在跟天同雙星的「天同、天梁」，或對宮是天同的這個組合，會想找比自己年紀小的人，原因就在於自己希望照顧人，當然就容易找到喜歡被照顧的人。

天梁的雙星都是別人的輔組星曜，所以這裡只討論天梁單星的組合。

1. 天梁對宮為天同

天梁單星的組合中，對宮是天同的人，是標準的看起來純真善良個性好，但是懂事明理，也清楚知道自己要什麼，希望另一半也能夠有著純真善良又帶點夢幻的心。

2. 天梁對宮為天機

對面是天機的組合，在情感上會有許多巧思，只要不遇到昌曲同宮或者陀羅星，其實算是相當理性，很清楚知道自己要的感情對象，喜歡聰明博學反應快的人，但也不喜歡一成不變的相處模式，否則遇到煞忌再加上吉星，可能就會有感情的問題。

3. 天梁對宮為太陽

這當然是希望能找到一個可以照顧自己的人，如果是女生，有很高的機率希望可以找到年紀比較大的對象，把自己當小女人對待。如果是男生，通常會希望感情對象成熟穩重，最好可以有自己的事業，在情感的對待上相對來說也容易比較強勢。而天梁有個很特別的情況，因為是庇蔭星，所以感情對象通常來自於很久以前的朋友，或者是突如其來就認識的人。因為天梁也是宗教星，所以是去求神明（各類型）最容易找到緣分。但是要注意，如果天梁化權，會因為在情感上過於希望別人照著自己覺得好的方向去做，往往讓人感覺不舒服或是覺得太囉嗦。

天梁星在本命夫妻宮的小練習

遇到在夫妻宮有天梁星獨坐的人，我們該如何打動他的老人心？

解答／

這時候我們就要看對宮是什麼星曜，如果對宮是天同，他在情感上的內心其實跟孩子一樣，很會照顧人。除了同樣希望有個也能如此照顧自己的人之外，也希望另一半可以帶著自己到處玩樂，因此給他一個可以彼此陪伴，四處遊玩的夢想，會讓他很心動。對面是天機的人，聰明跟反應快是吸引他的地方，因此每一次見面最好都可以出其不意，每一次的約會都要讓他感覺有趣而不同。最後一組太陽在對宮的人，女生會被有事業成就的人吸引，男生則希望對方可以幫自己打理事情，並且有獨立自主的能力，個性成熟。

五 天同星 善良無邪水汪汪

純真善良的天同在夫妻宮，命宮一定是太陽，所以在情感上願意照顧人，也喜歡被照顧。太陽在命宮，當然很適合找不跟他爭執、個性隨和的人，但需要注意的是，天同星本身是桃花星，這樣的不爭不求又善良的個性，很多時候也會變成不懂得拒絕，所以不適合再遇到桃花星，否則就會有因為心軟而無法跟舊情人斷捨離的問題。另外，天同也代表博學教育的意義，希望另一半有才華、學識豐富，不能只會努力工作賺錢。且天同在夫妻宮還有個特質，喜歡對象保有童心、年紀小，以男生命盤來說，女性小他十歲就算小；以女生命盤來說，男性小她三歲以上才算。

天同星的雙星組合中，以天同為主的有「天同、巨門」、「天同、天梁」這兩組，兩組對面都是空宮。單星獨坐的天同，對面會有天梁、太陰、巨門這幾個組合。

1. 天同、巨門同宮

天同與巨門同宮的時候，因為星曜的特質會被巨門吞食，因此少了天同的樂觀特質，往往容易在情感上有糾纏跟放不下的問題，如同小孩子被關在黑暗的房子裡，會因為害怕而不知所措，所以這一組如果太陽不在旺位，沒有化祿，常常容易在情感上提不起放不下。若是太陽在旺位，也會有隱性的成分存在（表面上說沒有，但是其實心裡放不下）。對面空宮若有煞忌進去，也會增加情感上的問題，尤其是陀羅。火星、擎羊反而有助於快刀斬亂麻。文昌文曲也會加重情感上的糾纏。

2. 天同、天梁同宮

與天梁同宮的組合，如同天真的孩子有著成熟的個性，通常能夠有不錯的對象，因為自己對待情感的態度同時具備了天真（讓人相處舒服）、成熟（善解人意，會照顧人），雖然遇到化權，會比較需要注意在情感上過於強勢，但是大致上來說都不差。對宮空宮一樣需要注意有煞星進去，但是有文昌文曲卻可以增加這一組合在情感上的浪漫程度。

3.／天同對宮為天梁

對面是天梁的天同，喜歡會助人、關心別人的對象，自己的感情態度也是如此，但是要注意如果有煞星出現，隨著煞星衝動，就容易控制不住自己的感情。

4.／天同對宮為太陰

對面是太陰，則是桃花滿開，但是在感情上念舊跟好商量的態度，一樣要注意不要遇到煞忌跟其他桃花星，否則就容易在感情漩渦中打轉。這個組合的女生也容易因為喜歡細心斯文的男人，不小心找到沒有擔當的男人。

5.／天同對宮為巨門

對面宮位表示自己情感的內心深處想法，巨門在對宮表示對於感情有著不安全感，雖然表面上天同很樂觀，其實內心深處有塊地方需要被一直鼓勵跟照顧，如果盤上的太陽在落陷位置，情況就會更嚴重，當然也不適合再遇到煞忌了。

天同星在本命夫妻宮的小練習

天同星因為念舊以及不懂得拒絕的個性（分手也能當好朋友），容易與舊情人舊情復燃，基本上是個只要他不討厭你，你又有足夠的耐心，可以陪他吃喝玩樂給與關心，就能吸引他。在這些組合裡，哪一個組合最不需要擔心他被舊情人搶回去？

解答／

天同的組合裡，天梁在對宮的會不好意思拒絕人，同宮的要看對面是否有煞星。太陰的本來個性就是一旦愛上了就似水柔情。巨門的因為沒有安全感，總是覺得情人還是老的好，只要年紀不會太老，通常在身邊沒有人，再加上遇到煞忌且同時巨門化祿化權化科，都有可能在運限走到有機會的時候舊情復燃。唯獨天同巨門同宮這一組相對不會，這一組會在戀愛時全心投入，但是愛過了，一切都累了，因此相對地不會接受舊情人。

六 太陽星

男的娶某大姊，女的嫁老公如我父

古書上，男生最好是夫妻宮太陰，女生最好是夫妻宮太陽，表示各自嫁娶到最適合自己，陰陽協調的組合。但是現實情況並非如此，先不說現代社會男女角色的分野沒有那麼清楚，就拿古代來說，男生夫妻宮太陰，命宮一定是巨門，那麼這樣一個沒有安全感的人，如果夫妻宮的桃花多一點，當然感情就很容易有問題。同樣地，女生夫妻宮太陽，會喜歡有主見且能照顧自己、有能力的人，最好可以跟爸爸一樣，永遠把自己當小女兒疼。但是如果遇到太陽化忌，化忌所在的宮位會需要填補自己覺得永遠不夠的部分，所以若太陽化忌，可能是這個女生自己得要當那顆太陽，照顧身邊的人。因此，太陽在夫妻宮，如果是男生，會喜歡獨立有主見的女生、關心社會、有自己的事業，並且要皮膚白。然而，因為自己也希望受到尊重，就必須冒險或總是難以找到能跟自己相處的人。這樣到底誰要聽誰的？當然我們會說兩個人在一起要多溝通，問題是如果那麼好溝通，這個世上就不用警察和法官了。如果是女生太陽在夫妻宮，雖然基本上不錯，但是也需要看太陽星曜組合情況。

太陽有幾種組合，雙星組合有「太陽、天梁」、「太陽、太陰」。單星則分別有對宮為天梁、太陰、巨門的組合。

1. 太陽、天梁同宮

因為有天梁在旁邊幫忙，所以這一組無論男女，在感情上都算相當不錯，至少在處理感情的態度上，個性成熟又懂得照顧別人，即使是對面空宮有煞星，甚至加上昌曲，這個組合的人都相對不容易產生各類感情的處理問題，喜歡的對象也偏向個性成熟穩定。

2. 太陽、太陰同宮

跟太陰同宮的這一組，無論是在命宮或夫妻宮出現，許多流派的書上都會說這是雙妻命，或是會外遇的命格。在運限上出現的時候，確實有這樣的風險，太陽跟月亮白天晚上各自精彩。但是本命盤代表的是個性跟價值，只能說這個人在情感上會有極端的兩面，看起來都是會照顧跟體貼伴侶，但是太陽在未位的個性較為強勢，並且喜歡較為白淨的女生。女生則喜歡外型姣好的男性，感情上看似陽光熱情，內心卻有很需要被關懷的一面，看起來像太陽大剌剌，其實內心戲很多，像太陰情感細膩。太陽在丑位的這一組，因為太陽在落陷位，情感容易陰晴不定，若再加上這個位置有昌曲同宮出現，就更容易在情感上有許多情緒化的問題。一個人感情兩面不一，有可能情緒化，有可能說自己喜歡樂觀大方的女生，其實也被細膩溫柔吸引。個性決定命運，當然就有可能在人生旅途中希望找到兩個不同的人陪伴自己，這也是有些書寫本命盤夫妻宮有太陽太陰同宮，會有雙妻的原因。

3.／太陽對宮為天梁

單星的太陽，首先要注意的是旺位還是落陷位。旺位的太陽，對於感情通常是熱情開朗大方，落陷位的則因為太陽沒力了，所以在情感上會較為小心謹慎，甚至於會有點自我保護。再來就是要看對宮是什麼星曜，當對宮是天梁，情感上相當願意為對方付出的，雖然這一組的女生很希望可以找到如同父親般照顧自己的情人，但是一方面因為運限也會影響擇偶條件，另一方面一個人在情感上習慣性付出，慈母都會多敗兒了，當然賢妻也容易出蠢夫，這一組女生的夫妻宮比較適合旺位的太陽，男生則適合落陷位的太陽。

4. 太陽對宮為太陰

對面是太陰的組合，如果太陽在旺位，則表面上看起來個性爽朗，但是其實情感細膩很有自己的想法，卻不願意說出來。若是太陽在落陷位，則會有點讓人捉摸不定，並且很注重個人隱私跟規範，以及是否受到尊重。

5. 太陽對宮為巨門

最後一組對宮是巨門，受巨門影響，很重視太陽是否在旺位，如果是在旺位的太陽，男生會選擇皮膚白皙高挑大眼的美女，個性還要開朗陽光，有自己的事業；女性則重視男生口才好不好，是否有事業心。若是落陷位的太陽，則男生會更加希望身邊的女性外型要好，又同時對感情對象沒有安全感，沒有安全感就會有可能多方尋找備胎，所以不適合再加其他桃花星。女生則更容易在情感上沒有安全感跟對人不信任，因為是太陽星，所以這個不信任不是懷疑，而是不願意投注太多情感。

太陽星在本命夫妻宮的小練習

面對太陽在夫妻宮的人，該如何讓他成為我們的真愛？

解答／

太陽天梁同宮的人，會希望對象有才華、有愛心、喜歡關懷別人，因為他在情感上也是如此付出，所以溫柔體貼絕對是他的重點。展現對社會的關懷，對親友同事的耐心付出，也會是他評估的重點。

太陽太陰的組合，捉摸不定是他的情感特色，所以讓自己成為這樣的人，才有足夠的資格跟他捉對廝殺，讓他無法離開跟你的遊戲。

對宮是太陰的人，溫柔體貼絕對是重要條件，看出他的內心戲才能抓住他。對宮是巨門的人，只要對他噓寒問暖，隨時隨地照顧與關心，就可以抓住他的心。而對面是天梁的人，如果對方是女生，就看她的爸爸是怎樣的人，照做就可以，男生則需要展現自己成熟不黏人的個性特質。

七 太陰星

母親像月亮，老婆像月娘

相對於太陽的父親概念，太陰當然就展現最女性、最媽媽的一面。一般書上會說男生夫妻宮最好就是太陰，因為會找到賢良淑德的另一半（寫書的人一定不知道這個世界上有虎媽這種產物），更別說太陰在男命夫妻宮，男生會特別喜愛很有女人味的女人，並且追求這樣的價值。女性則喜歡的對象會太重視感覺而且心思細膩，這樣的男人有很高的機率會是想法多卻沒擔當，因此不太適合傳統上男主外女主內的分配。加上太陰星本身已經是桃花星，不適合再會其他桃花星，或者遇到煞忌，否則會加重自己在情感上本來就想得很多、很細膩的問題，對於感情容易猶豫不定，就會呈現許多書上說的，容易陷入三角關係。當然這還要看運限走勢，本命盤夫妻宮有太陰，只能說具備了這樣的感情特質，不見得一定有機會發現，並且要看對宮跟雙星組合如何呈現。

太陰的雙星組合有「太陰、天同」這一組，因為對宮是空宮，兩組的情況有所不同，但是兩組都不適合遇到煞忌以及桃花星，否則容易有複雜的關係。單星則分別有天同、天機、太陽的組合。

1. 太陰、天同同宮

太陰如果是旺位在子位，因為受天同影響，情感上是不與人爭、個性良善的星曜，雖然桃花很多，但是如果沒有遇到煞忌，太陰守護家庭的母性個性就會出現，因此並不會有太多感情問題。只是如果受到運限煞忌影響，會很容易陷在一段感情中走不出來。如果太陰是落陷位，在午的位置，則會因為太陰的力量沒有了，當情感有一點點問題，就會希望多些備胎可以填補。如果遇到煞忌跟桃花星，當然就會在情感上心思不穩定，兩個喜歡的類型都是要外型不錯，而且能一起玩樂享受。

2. 太陰對宮為天同

如果是單星組合，對宮是天同的人，除了容易跟舊情人藕斷絲連，基本上在情感中都扮演著相當柔順且陪伴的角色，旺位則媽媽的個性多一點，落陷位就小女孩的個性多一點。男性若有這個夫妻宮組合可說相當不錯，只是自己可能也會具備這樣的特質，所以如果有煞忌，會讓自己有太多機會。女性則容易在情感上太重視感覺而忘記理性思考。

3. 太陰對宮為天機

對宮是天機的這一組，看看天機、太陰同宮的不安穩感，這一組當然也不會穩定，找聰明有邏輯的才子當對象是這一組的重點，自己在情感上也相當具有巧思，喜歡才子，感情浪漫，遇到煞忌時當然也就無法堅持地跟同一個人穩定在一起。

4. 太陰對宮為太陽

最後是太陽，這是外表看起來陽光熱情，其實要的是一個讓漂泊的心有歸屬感的感情狀態，女性會喜歡有能力有個性但是細心的人，男生則喜歡獨立自主的女性，並且當太陽在旺位的時候，如果有四化出現，可能伴侶會來自外地。當太陽是落陷位的時候，女生需要注意容易受到看起來能力好其實依賴性強的才子所吸引；

至於男生，因為被女人依賴，所以沒這個問題。

太陰星在本命夫妻宮的小練習

太陰星在夫妻宮的人，對於感情心思細膩，女生重視男人有才華跟聰明溫柔，男生喜歡極具女人味的女人，再加上桃花，甚至希望走美艷路線，也因為這樣的擇偶條件，在感情路上常常遇到多情且會跟身邊男人搞曖昧的女伴，或是太多情且在情感上沒有擔當的男人，要如何改善跟避免這樣的狀況呢？

解答／

要在情感上避免找錯人，最好的方式當然得學會看人的方法。例如《紫微攻略 1》第六章就寫了這樣的方式。自身個性的改善也是重點，太陰在夫妻宮的人，往往在情感上太過感性，尤其是跟天同同宮或是對拱的那一組，所以需要讓自己保持得比較理性，遇到好的對象要多聽身邊朋友的意見，或者在流年夫妻宮較為強勢跟強硬的星曜出現時再做選擇，就可以避免因為情感的不穩定跟心軟，而找到浪女跟渣男。

八、七殺星
感情上的殺手，但是殺自己比較多

許多書籍都會說到如果「殺破狼」在夫妻宮，感情會不穩定，希望要晚婚。其實如同在命宮的問題一樣，因為這三顆星在命盤上代表我們的慾望，當慾望升高躍起的當下，當然容易失去理性，進而做出外人覺得不合理或是不對的決定，在命宮是如此，當然在夫妻宮就是對感情如此。

依照七殺星的個性特質，堅持自己的目標是七殺的核心重點，在夫妻宮當然就是對於感情的堅持（再次提醒，感情不等於感情對象），所以當七殺遇到自己認為的真愛時，也會為了真愛不顧一切拋下親人，這般對感情堅持的個性特質，如果遇到運限好，那就是終極浪漫感人的情節，如果因為運限走得不好，遇到了渣男，通常就會十分悽慘。畢竟堅持是自己的，但是放蕩跟不專一卻是別人可以擁有的選擇，這個堅持的殺手通常殺的就是自己了。

1. 七殺對宮為廉貞、天府

七殺單星的組合有「廉貞、天府」，這一組在情感上希望的對象除了有能力，也要有足夠的忠誠度，看起來在情感上大方，其實是為了做更好的控制。廉貞害怕化忌，雖然有天府星幫助，算是不怕煞忌的一組，不過這種形容通常是不怕別人傷害自己，自己遇到化忌，則表示自己想要衝出牢籠，再加上桃花星就會有感情上的風險了。

2. 七殺對宮為紫微、天府

對宮是「紫微、天府」，感情上期待對方給與足夠的尊寵，希望的對象也需要有點社會地位，最好是帶有文化氣息的名門望族，這表示桃花增加，運限走得不對，容易因為環境因素讓自己為了追求更符合心中的期待而放棄原本的感情。

3.／七殺對宮為武曲、天府

「武曲、天府」這一組，則相對務實許多，願意為了人生努力付出的人就可以打動他，無論男女都一樣，但是相對來說，對於情感的付出也較為理性，不會如同前面兩組那麼不顧一切，也因此容易跟另一半因為金錢價值觀發生爭執，但也是三組裡最不容易在感情上有問題的。

七殺星在本命夫妻宮的小練習

七殺星，尤其是在寅、申位的這一組，「紫微、天府」在對宮，喜好尊寵的皇帝如果遇限走得不好，遇到太多煞忌跟桃花星，加上天馬星，容易拋夫棄子為愛走天涯，這是常見的形容。如果身邊的人夫妻宮是這個組合，該如何預防這樣的問題呢？

解答／

這一組會有這樣的情況出現，一方面是因為有桃花匯集，使他有機會，另一方面是因為自己在情感上的不穩定感，總是希望追求更多寵愛，所以如果身邊的人是這樣的組合，建議在感情上即使已經在一起，也千萬不要穿著隨便，並且隨時給與甜言蜜語，讓對方感覺自己很專注努力在事業上，並非不能沒有他，這樣就可以確保他為了保持自己的地盤以及得到稱讚，沒有空給與別人機會。

九 破軍星

如果浪漫是感情的必需品，一時的璀璨才是真正的永恆

如果說七殺會為了唯一的真愛拋棄一切（如果自己是七殺的真愛，通常會非常幸福，絕對是滿滿的愛），那破軍在情感上就是最浪漫的追求。感情對他來說可以永遠尋求更多可能性，也因此傳統上當然把破軍在夫妻宮說得很難聽。對於長達六百年要女人裹小腳免得亂跑的民族，中心價值只有聽話，任何不統一的想法都是有問題的，偏偏破軍星就是一個想法很多、夢想無限的星曜，因此出現在夫妻宮的時候，也會是最浪漫的人，並且勇於追求浪漫，這樣的特質自然違反了傳統總是單一思想的社會文化，但就現在來說，其實破軍思想的解放迷人之處卻往往展露無遺，只要在符合法規的情況下，相信任何人對於感情的追求都不該受到限制。

破軍的對宮一定是天相，所以在浪漫中其實會有自己的規範，除非天相遇到煞

忌，規範被打破，就會不受控制。另外破軍星在夫妻宮，擇偶通常是外貌協會，外型的美好會是重點考慮項目之一。至於會不會追求真愛呢？這麼浪漫一定會，只是真愛不一定只有一個。

1. 破軍對宮為紫微、天相

如果是「紫微、天相」，對感情的追求在於有人能給與尊榮感，也希望對方會是個有能力有地位的人（伴侶的社會地位也是一種透過感情尋求的尊榮）。

2. 破軍對宮為廉貞、天相

「廉貞、天相」的組合，通常會在自己生活周邊的人際圈尋找對象，重視這個人的社交能力，以及對事情的反應能力。

3. 破軍對宮為武曲、天相

「武曲、天相」當然會受到武曲務實的價值影響，在情感上相對其他兩組務實許多，即使遇到桃花星，感情也不見得會出軌。當然，如果遇到煞忌星就不一定了，甚至在運限盤的時候可能會因為感情而發生財務問題。

破軍星在本命夫妻宮的小練習

破軍星有著感情上極度的浪漫個性，請問哪一個組合會讓破軍星在人生中遇到各種情感誘惑時比較把持得住？

解答／

破軍對面一定是天相星，有一組對宮是「廉貞、天相」，這一組只要遇到廉貞化祿或者祿存，就形成廉貞清白格。如果沒有太多煞忌星進去，在情感的內心選擇上，就會偏向追求彼此的信賴與信守承諾，相對來說比較不會在情感上出問題。

十●○貪狼星

感情的慾望是人生的方向，對異性的魅力無法擋

對於貪狼星在夫妻宮，大致上風評也不是太好，因為貪狼是慾望跟桃花的星曜，所以太多的慾望跟桃花自然會被說成花心跟感情混亂。其實有感情的慾望不必然代表花心，乖乖在家的也不一定就是深愛對方，更何況貪狼也是解厄的星曜，通常是在感情上很懂得與對方溝通的人。

1. 貪狼對宮為武曲

跟夫妻宮是貪狼的人戀愛絕對是個開心的過程。尤其是貪狼單星的組合中，對宮是武曲那一組。對面內心的宮位有著武曲星，務實的思考模式，一步一腳印的態度，影響著他的感情態度，因此除非遇到太多煞忌星，否則那隻小野狼如同被關起

來的哈士奇，有著狼的樣子，其實是乖乖的忠犬，雖然哈士奇相對狗類來說較不受控制，但絕不是野狼那般四處狩獵。

2.／貪狼對宮為紫微

若對面是紫微星，這個組合的貪狼，內心覺得自己該是高高在上備受尊寵的狼族，因此對情感的慾望也會比較高。如果加上化祿以及煞星，在情感上展現出來的博學多才，以及懂得生活品味，往往相當吸引人。再加上煞星的力量，通常就會在感情上比較多情。特別的是，許多書會說這個位置的貪狼化忌會很花心，其實並不一定，因為當貪狼化忌的時候，他在情感上的追求，會因為許多期待（慾望產生期待），因為過度的期待（化忌為空缺），加上對宮紫微是個愛面子，希望得到尊寵的星曜，反而會不知道該怎麼辦，又期待又怕受傷害，就會不知所措。除非長時間遇到煞星，這時候就會轉變成亂槍打鳥，才能解煞星的衝動，反正都試試看。當然如果本命沒有，也需要擔心煞星因為運限進去。

3. 貪狼對宮為廉貞

廉貞在對宮，廉貞是很外放的公關外交星曜。這個在夫妻宮的貪狼，內心被影響的慾望在於情感，以及與異性關係得到的融洽，和延伸出來的情感氛圍，讓自己隨時感受到與異性的美好關係。這樣的感情態度，當然也容易在運限不對的時候（或者其實是對的時候，端看從什麼角度來看），造成自己在情感上有太多的浪漫關係，除非廉貞有化祿產生了廉貞清白格。當然，貪狼畢竟是最大的桃花星，人必然有慾望才能有事情的發生跟魅力的展現，所以不希望有更多桃花星加進去，否則就容易因為太多的感情慾望，而讓自己到處尋找更多的愛。

貪狼星在本命夫妻宮的小練習

如果自己的夫妻宮是貪狼星，無論各類貪狼組合，基本上都會受到貪狼特質的人吸引，找個一樣夫妻宮有貪狼的人，或者命宮有貪狼的人，是最容易也簡便的方式，通常就算不愛也喜歡。但是命宮貪狼或者夫妻宮貪狼一樣也會有貪狼星，會因為慾望跟桃花產生的各類感情風險，排除各種監控與抓姦，作法加風水的改運方法，單純就星曜來說，找怎樣的組合最適合呢？

解答／

找武曲在夫妻宮，貪狼在對宮，或是貪狼在夫妻宮，武曲在對宮的人，因為這一組的人是可愛的哈士奇，擁有狼族的帥氣迷人，卻沒有狼族的慾望奔放，所以他們有貪狼的特質，卻少了貪狼的風險，是一個很好的安全選擇。

（十一）巨門星 愛在心裡口難開

巨門的特質是因為黑暗而造成沒有安全感，所以在六親宮位，通常表示他對於所在宮位沒自信，有不安全感，進而不敢付出，好像多愛一點就會失去。但人性往往同時具備正反兩面，不敢付出也代表他一旦愛了就會如同火山孝子，無限付出。當然這裡必須再次強調，這個付出是感情，不是特別針對哪一個人，太多煞忌出現的話，也可能如同黑洞一般需求感情的滿足，這時候就會需要許多情人圍繞身邊，當然這一定是命盤上太陽落陷的巨門，狀態會比較明顯，因為太陽沒有辦法驅巨門的暗，讓不安全感直接呈現。

1.／巨門、太陽同宮

以巨門為主的雙星組合，只有對宮是空宮的「巨門、太陽」，但是因為巨門很需要太陽，所以當太陽在旺位的時候，巨門會如同太陽，並且如果對宮是空宮，可以借星曜過去，但是一借過去太陽就會變成落陷位，太陽落陷無法照耀巨門，因此這個組合是表面陽光熱情，內心卻有著黑暗。如果反過來呢？太陽落陷的在夫妻宮，但內心是太陽旺位，這個組合就會變成在情感上木訥少言，帶點害羞，內心對感情卻反而有比較正面的力量。當然，這樣的組合也是不能遇到煞忌星，尤其是巨門如果化忌，更容易因為自己的不安全感而造成在感情上對人沒信心跟不安全感。

（見下頁圖三十）

圖三十／
巨門、太陽空借宮位示意圖

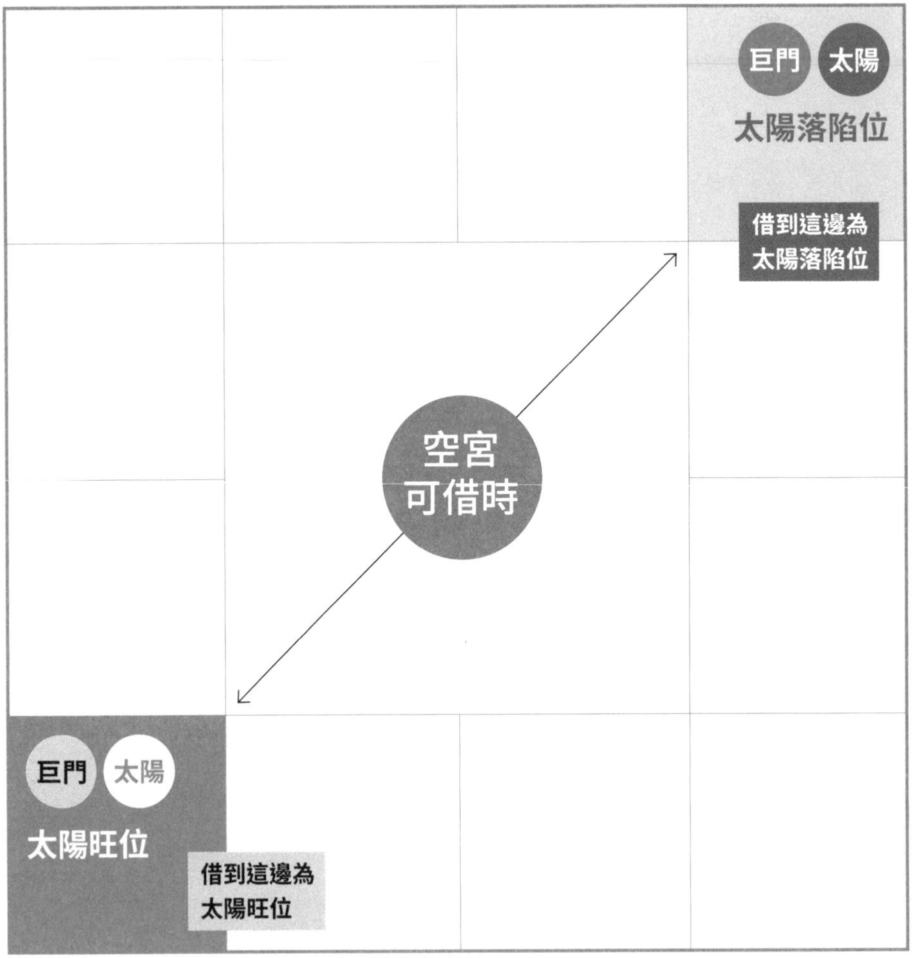

2.／巨門對宮為太陽

單星的巨門如果對宮是太陽，當太陽旺位時，在感情上的呈現會是像太陽般熱情，會照顧人，但如果是落陷的太陽，就會在感情上沒有自信，加上煞忌就容易變成因為對於情感沒有期待，而轉變成不要求、也不堅持自己的原則，再加上煞忌往往就會有感情上的複雜情況出現，也可能因此希望能找一個遠離自己生活圈的人。

3.／巨門對宮為天同

如果天同在對宮，天同善良天真的特質，如果加上太陽是旺位，可以大幅度解決巨門的不安全感，但因為天同是桃花星，如果加上化祿、化科，也會因為不好意思拒絕別人而產生複雜的感情問題。

4.／巨門對宮為天機

對宮為天機的組合，細膩的心思是這個組合的特質，但是也會因為太陽落陷產生沒安全感，讓天機容易有太多聯想，遇到天機化忌、巨門化忌，都會因為自己的想太多跟口直心快，而在情感上產生問題。當然這樣的沒安全感狀態，也需要擔心是否有其他桃花進來。

整體來說，巨門的最大問題是不安，所以需要尋求內心的補償跟安全感的建立，當煞忌出現時，往往就會採用多找幾個的方式，其實巨門內心只是害怕受傷。

巨門星在本命夫妻宮小練習

對於感情如此沒有安全感的巨門星，如果身邊的人剛好是巨門星在夫妻宮，該如何讓他安心，同時牢牢抓住他的心呢？

解答／ 巨門的問題在於沒有安全感，巨門需要太陽來驅暗，最好的方式就是給與他太陽，該怎麼給呢？太陽星的特質是光亮以及溫暖，還有穩定的規矩跟公平正義，所以常給與巨門關心溫暖，讓巨門覺得受到光芒的照射，是很受到重視的，最後是公平的對待，這樣就足以讓巨門覺得無法離開你了。

十二 ●○ 廉貞星 魅力十足理性與感性兼備

廉貞的感情特質在於理性跟感性兼備，化氣為囚表示對自己的要求，尤其在廉貞化祿的時候，形成了廉貞清白格，在感情上對自己有一定的要求。無論是哪一種組合，基本上只會代表喜歡的類型（可以參考廉貞星在命宮的特質，喜歡的就是那樣的人），以及在情感上面，因為對宮影響而產生的情感發揮，但是都不會有太超過的表現，保持了廉貞的聰明機智與幽默，以此來表現自己在情感上的樣子，即使有煞忌出現，也只是讓情感奔放一點不至於太超過。但是如果沒有化祿，就必須擔心有其他煞忌星進去，會讓情感如水瀉而出，奔流四竄。那麼竄到哪裡去呢？

廉貞會與七殺、貪狼、破軍同宮，如果這三組廉貞雙星遇到煞忌，基本上可以想成本來的廉貞再加上雙倍的七殺、破軍、貪狼，看起來節制的廉貞，其實更加埋藏著殺破狼的力量。

1. 廉貞、七殺同宮

對感情堅持的七殺，可能因為遇到文昌文曲同宮時，再遇到煞忌出現，則會在情感上因為過度堅持而產生肢體衝突，因為畢竟對面是重視地盤的王爺天府，自己在本命的情感上就不願意放手。

2. 廉貞、破軍同宮

這一組合可能因為破軍的浪漫影響，在情感上會十足奔放，除非遇到破軍化權，有可能把桃花轉成工作上的助力，但對面的天相也不能有煞忌，否則影響界線的崩壞。

3. 廉貞、貪狼同宮

貪狼是慾望之星，因為對宮是空宮，這時候如果出現鈴星，反而在感情上有理性的思考。如果是陀羅，則容易有糾纏不清的感情，這是因為自己個性所造成。火星或擎羊則是感情來得快去得快，因為自己會不斷地追求更多的情感。

4.／廉貞、天府同宮

如果是「廉貞、天府」這一組合，對宮是七殺，廉貞因為受到天府控管，相對穩定許多，雖然七殺在外面，這時候反而變成天府王爺很務實地追求自己的情感，內心對於所認定的感情會很堅持。

5.／廉貞、天相同宮

「廉貞、天相」這個組合，則需要注意是否會有煞忌星進去，打開廉貞的牢籠，讓內心的破軍爆發出來，對於感情的夢幻追求就會在表面很有節制的情況下，偷偷流出界線之外。

6.／廉貞對宮為貪狼

如果是單星的廉貞，對宮是貪狼的這一組，要能符合傳統感情觀念，最好是廉貞能遇到化祿。比較特別的是，如果是貪狼加上祿存，本來用來看人外型的星曜特質在這個時候卻會被改變，本來期待外型迷人的伴侶，卻可以在貪狼遇到祿存的時候，變得不在乎外表。

廉貞星在本命夫妻宮的小練習

廉貞星最難掌握的，就是受到煞忌影響，本命盤上看起來安全的廉貞星，往往在煞忌出現時受到慾望影響，轉為不顧規則法理，但是我們又容易被他迷人的特質吸引。請問當煞忌星出現時，哪個組合最不用擔心本命盤具備的感情態度會有所變化？

解答／廉貞化祿，或者廉貞天府。一個當然是因為廉貞化祿表示廉貞清白格，這是一個因為廉潔貞操而得到好處化祿的組合，既然因此得到好處，當然不可能放棄這樣的特質。另一個則是受到天府的管控，但是需要知道天府也只能管控兩個煞星，太多也不行。

十三 ●○ 天相星

理性是浪漫的實踐基礎

天相重視自己的規則、在乎自己的名聲，所以在夫妻宮除了表示喜歡外型好（尤其不能胖，畢竟胖子對某類人是一種不自我要求的表現），也希望是個人際關係不錯的人，所以宅男大概也沒辦法吸引他們了。當然自己也會在情感態度上有許多的自我要求，在這樣的規則自我要求下，我們需要知道他的規則在那裡，就要看對宮是什麼星曜。

1.／天相對宮為紫微、破軍

對宮是「紫微、破軍」這組，喜歡有能力有夢想的人，情感上也是如此追求，並且希望能夠有讓人羨慕的戀情，當然遇到煞忌就會刺激過頭。

2. 天相對宮為廉貞、破軍

「廉貞、破軍」這一組則相對來說是有守有為的，喜歡的伴侶對象通常也會是中規中矩，雖然因為廉貞的緣故，幽默風趣不能少，聰明機智不能無，卻不會希望對象過分賣弄，並且在彼此對待上也會如此，可以浪漫但不能隨便，可以有趣但絕不下流，當然如果遇到煞忌，那就會看起來很有規矩其實無界線了。

3. 天相對宮為武曲、破軍

最後是務實加老實的武曲星，雖然旁邊有破軍陪著，但是武曲破軍這一組合無論如何還是以武曲為主，因此雖然另外一半在金錢上很大方，但是如果超過限度，就會讓自己有所警悟。至於對於伴侶外型的選擇上，不能胖是重點。

天相星在本命夫妻宮小練習

重視規則跟名聲的天相星在夫妻宮的人，我們該如何打動他的心？

解答／

「紫微、破軍」在對宮的天相，約會找特別而浮誇的好餐廳是免不了的，展現自己不錯的人脈跟對於外來的企圖也會大大吸引他。若是「廉貞、破軍」在對宮的天相，外型是重點，人際關係與聰明會是他注意的標準。最後每次約會有不同的創意，但是做事情很有計畫的個性，凡事可以幫他規劃好的能力，讓他無法離開你。「武曲、破軍」的重點當然是大方以及重義氣，所以適度展現自己對於他身邊親朋友好友的照顧，絕對會大大加分。

十四

武曲星 女人最愛收到的一種花：隨便花

武曲在六親宮位，通常表示自己對於那個宮位的人在金錢上大方的方式，如同兄弟宮對於兄弟姊妹，夫妻宮指的是自己的感情態度，花錢展現浪漫是武曲在夫妻宮的直覺態度，喜歡的伴侶類型也會是個性爽直，直來直往重義氣，對生活努力認真，是他們擇偶的標準，不喜歡心思細膩跟規矩很多的人，男女都一樣。

許多人以為有武曲在夫妻宮，可以找到金龜婿，這可是天大的誤會，比較可能是自己為愛付出一切，期待對方的給與，但是投資有賺有賠，一切都要詳細觀察啊！不只是投資說明書，對另一半更要細細觀察。

1.／武曲對宮為貪狼

在情感的對待上，單星武曲對面是貪狼，看起來情感豐富且有許多想法，但是其實相當理性。

2.／武曲、貪狼同宮

雙星的武曲組合，與貪狼同宮的希望對象能力好，有企圖心，最好可以白手起家，肯努力但是不能傻呆。

3.／武曲、破軍同宮

與破軍同宮這組，對情人是絕對大方，但是需要情人給與他無限的夢想空間。

4.／武曲、七殺同宮

「武曲、七殺」這一組在情感上幾乎是所有星曜組合最為耿直的一組，耿直到幾乎要具備命盤上所有的婚外情條件，才可能動搖他的感情，原因無他，因為武曲的理性務實加上七殺的堅持，當然最重要的是對宮天府對情感的掌控能力，讓這個組合的人在情感上能抵抗桃花星，即使有桃花，仔細想想後也會覺得還是不要亂來。

5. 武曲、天府同宮

「武曲、天府」這一組，會跟「武曲、七殺」有一樣的情感堅持，只是當天府跟武曲在一起，對於感情的金錢會更加務實，絕不會亂花錢，除非可以擁有許多自己的王國。這也表示一旦遇到桃花星，他不會拒絕，因為夫妻宮代表的是感情態度，而不是固定對象。

6. 武曲、天相同宮

「武曲、天相」這一組會很務實地在周邊交友圈找對象，卻又希望可以有不同世界的人出現，因為對面有個浪漫的破軍星，希望的對象需要是團體中讓人覺得讚賞的人，但也不會痴心夢想地找超過自己能力的對象。同樣地，因為有天相，所以需要注意煞忌的出現。

武曲星在本命夫妻宮的小練習

與人之間的宮位（六親宮位）說的是我們與這些人彼此的對待方式，前面也說到人性是雙面的，對待對方的方式往往是自己希望被回饋的方式，所以武曲星在夫妻宮的人，在情感上務實大方，其實也希望對方可以給與自己相同的回報。請問，若想要追求武曲在夫妻宮的人，該如何打動他？

解答／

給錢，大方地給，而且要給現金，因為現金最務實，可以最不花俏囉嗦地展現自己的愛。

上集總結

《紫微攻略3》以宮位帶出星曜的解釋，因為星曜的解釋需依照宮位進行。在上集，我們說明了絕大多數星曜的解釋邏輯，以及如何對應宮位導出解釋，尤其是：每個星曜其實需要重視對宮與同宮的影響，才能真正做出解釋。並且，利用命宮、兄弟宮跟夫妻宮的星曜解釋，一一帶出各宮位的重點涵義，以及在星曜解釋上的思考邏輯，希望大家在學習紫微斗數的過程中，光是利用本命盤就可以清楚解讀出命盤主的個性與心理特質。這可以當成一份天生特質與人生態度的檢查表，搭配《紫微攻略1、2》使用，效果非凡，立竿見影。

下集，同樣會依照這個方式詳解其他宮位，但是上集講解過的觀念，例如六親宮位與自己的彼此關係立場，下集將不再詳述，會專注在星曜的解讀。較為特別的疾厄宮，更將以圖表圖解出各星曜所代表的天生身體問題。

同樣地，下集仍是以本命盤為主要解釋邏輯。我們常向客人和學生強調，本命盤跟運限盤的價值差異，本命盤只能判斷自己的天生觀念與價值，過往價值影響個性，最後造成命運，但是在現今複雜的年代，不能單純只看本命盤，現象的發生必須是運限盤才會產生，要清楚這一點，才能確切掌握星曜特質，不會愈學愈混亂，不會說出這個人命宮是什麼星，代表他一定是如何如何，也不會有所謂開創性的人比較容易怎樣、領導型的人通常會當老闆跟主管……等等死板缺乏邏輯的解釋。這樣粗暴而淺碟式的分類法，少去了紫微斗數原本在人性與心理上細膩迷人的透析能力。算不準就算了，讓人失去了解自己原始的能力，探索自己更多的可能，就很可惜了。

紫微攻略 3

星曜 我們與真實自己的距離（上集）

史上最強星曜解盤！對宮為明鏡，透視深層人性

作者—— 大耕老師
美術設計—— 張巖
主編—— 楊淑媚
校對—— 林雅茹、秦立帆、王嘉麟、鍾家姍、周宜萱、沈佳妤、孫國寧、
陳文杰、吳柏憲、邱鈺筑、林碧香、連玉瑩、楊淑媚
行銷企劃—— 許文薰

第五編輯部總監—— 梁芳春
董事長—— 趙政岷
出版者—— 時報文化出版企業股份有限公司
108019 台北市和平西路三段二四〇號七樓
發行專線——（02）2306-6842
讀者服務專線——0800-231-705、（02）2304-7103
讀者服務傳真——（02）2304-6858
郵撥——19344724 時報文化出版公司
信箱——10899 臺北華江橋郵局第 99 信箱
時報悅讀網——http://www.readingtimes.com.tw
電子郵件信箱——yoho@readingtimes.com.tw
法律顧問—— 理律法律事務所　陳長文律師、李念祖律師
印刷—— 勁達印刷有限公司
初版一刷—— 2019 年 12 月 20 日
初版十一刷—— 2023 年 5 月 3 日
定價—— 新台幣 380 元

時報文化出版公司成立於一九七五年，並於一九九九年股票上櫃公開發行，
於二〇〇八年脫離中時集團非屬旺中，以「尊重智慧與創意的文化事業」為信念。

紫微攻略 3: 星曜 / 大耕老師作 .-- 初版 .-- 臺北市 : 時報文化，
2019.12 冊；　公分
ISBN 978-957-13-8059-9(上冊 : 平裝).
1. 紫微斗數
293.11　　108020981

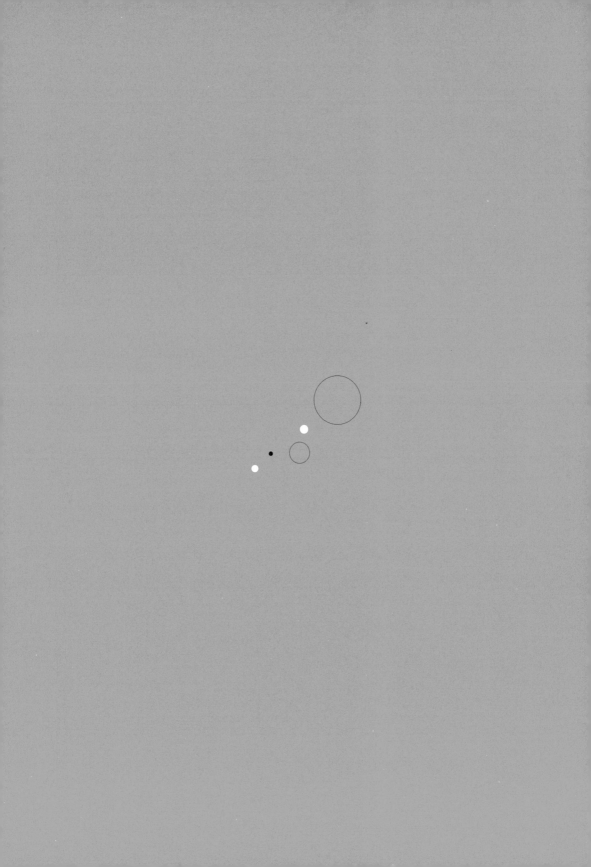

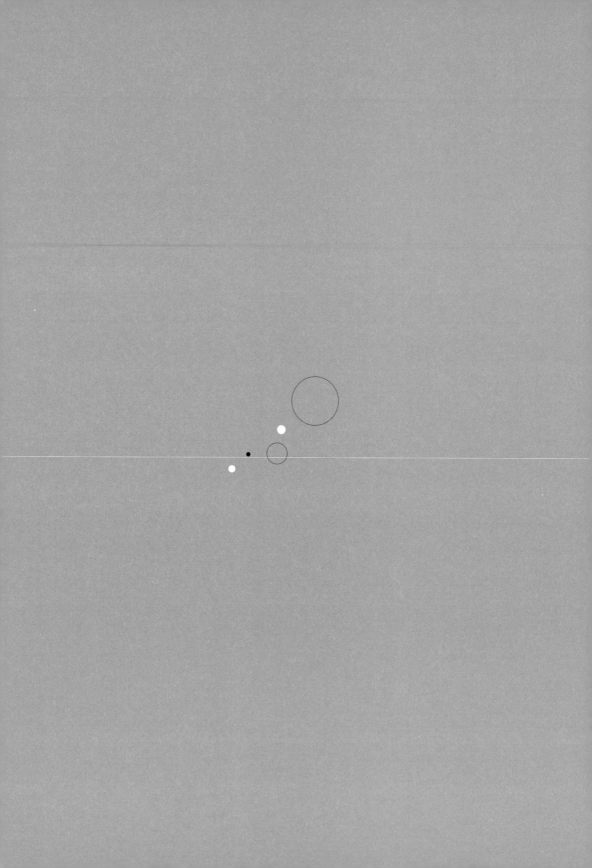